곁에 두면 좋은 마음(安心藥)

세 심 곡(洗心哭)

성관 선사 엮음

스님, 어찌 살까요?
부처님 법대로 살면 되는 게지!
─ 梵龍 大宗師

말벗

엮은이 성관 선사

성관 선사(禪師)는 봉암사에서 당대의 고승인 범룡(梵龍)을 은사로 출가해 용화사, 통도사, 은해사, 동화사 등 제방 선원에서 정진하였으며 지금도 늘 같은 마음으로 선사(善事) 중이다.

범룡 선사(先師)는 1929년(23세) 금강산 유점사로 출가해 만허 스님을 계사로 사미계를 수지한 이후 1941년 8월 오대산에서 한암 스님을 계사로 비구계를 수지했으며 『화엄경』의 대가로 유명하다.

책을 펴내면서

　향수 큰 바다 가운데서 눈먼 거북이가 구멍 뚫린 나무를 만나 목을 들이밀고 편히 쉬어가는 것처럼 사람 몸 받기가 그와 같이 어렵습니다. 오늘 다행히 사람의 몸을 받았으나 그보다 더 어려운 것이 불법(부처님의 정법)을 만나는 것이 더 어렵다 했거늘 작금에야 불법을 만났으니 이보다 더 다행한 일이 어디 있으리오.

　금생에서 이 법을 잊어버리면 만 번을 태어난다고 하더라도 어려운 일이니 금생에 사람의 몸 받았을 때 어찌 닦지 아니하고 세월만 보낼 것인가.

　나옹, 경허 선사님과 옛 조사님들의 지극하신 뜻을 읽기 쉽고 이해하기 쉬운 노래들로 지어, 누구나 쉽게 공부해서 너도나도 함께 성불하며 극락왕생하길 바라는 뜻을 말세인들이 어찌 받들지 아니하리오.

　진실하게 이대로 읽고 행한다면 대장경 본 공덕에 모자람이 없으리라.

　바라옵건대 우리 모두 동공 대원으로 무상보리를 성취할지어다.

성관 선사 합장

머리말

지금의 힘든 고난을 불교로 극복하는 마음은 참으로 아름답습니다. 이 과정에는 자연 불교경전(佛敎經典)이 수반되게 마련입니다.

법요집(法要集)은 경전의 부처님 가르침 중 요긴하고 주요한 점, 그리고 법회 의식에서 중요한 것들만 가려 뽑아 모은 책입니다.

그러나 법요집에는 너무나 많은 진언이 나와 어떤 것을 먼저 외워야 할지 막막하고 헷갈릴 수밖에 없습니다.

그렇다고 어떤 것을 읽고, 무엇부터 먼저 외우라는 해법이 정해진 것도 아닙니다. 다만 선지자들로부터 배우고 들은 대로 익히는 수밖에 없습니다.

우선 일상에서 알 수 없는 장애가 많을 때는 「항마진언(降魔眞言)」 「반야심경(般若心經)」 「광명진언(光明眞言)」을 염송(念誦)합니다. 이 염송법은 일상에서 언제든지 염(念)하면 됩니다.

길을 가거나 쉬는 동안, 혹은 밥을 먹으면서도 마음으로 염(念)하기에 주변인들에게 별다른 피해 없이 얼마든지 가능합니다.

「항마진언」은 신중작법(神衆作法)에 나오는 진언입니다. 하는 일마다 꼬이는 사람이 염하면 장애가 비켜나가는 신중단(神衆壇) 기도 때 꼭 하는 진언입니다.

「반야심경」은 중국의 현장법사가 인도에 가던 도중 송장 썩은 냄새 나는 고약한 노스님을 극진히 시봉했는데, 그분이 관세음보살로 친견하며 게송을 바로 알려준 일화가 있습니다.

「광명진언」은 흔히 장례식장이나 성묘할 때 죽은 망자에게 들려주는 진언으로 극락에 보내주는 데 좋습니다. 특히 심하게 가위눌린 분은 이 진언을 계속 외우고, 집안에서 객사한 조상을 향해 많이 축원해 줘야 합니다.

「천수경」은 진언이 제일 많이 나오기에 요긴하게 다 쓸 수 있으며, 「신묘장구대다라니」를 하루에 5~9회 염불하는 것도 바람직합니다. 또한 「지장경」을 하루에 1권씩 처음부터 끝까지 독송하면 좋습니다.

살다 보면 온갖 경계와 장애 속에서 누구나 괴로워하며 답답해 하고 그 경계에 빠져 헤어날 줄을 모르기도 합니다.

삶은 그야말로 순경(順境)과 역경(逆境)의 한도 끝도 없는 반복입니다.

이 세상 그 누구라도 순경과 역경이란 두 가지 경계에 휘둘리며 행복과 불행을 오고 가는 것이 우리네 중생의 일상입니다.

인생은 하루에도 수십 번 아니 수백 번씩 순경과 역경, 행복과 불행, 즐거움과 괴로움, 들뜸과 가라앉음. 숱한 순역의 경계 속을 오고 가며 살아갈 뿐입니다.

그렇듯 우린 외부의 경계, 또한 내면의 경계에 휘둘리며 경계의 종이 되어 살아갑니다. 자신의 삶을 자기 자신이 주인되지 못하고 경계에 그대로 노예가 되어 이끌리며 살아갈 뿐입니다. 그러니 삶이 힘겹고 괴로운 것입니다.

불교란 온갖 안팎에서 오는 순역의 경계들을 스스로 주인공이 되어 당당하게 맞서 이겨내고 녹여내 삶의 주인이 되게 하는 가르침입니다.

「보왕삼매론」의 가르침은 얼핏 보면 역경을 이겨내는 가르침처럼 보입니다.

그러나 이 가르침은 순역의 경계를 둘로 보지 않고 그 두 가지 경계를 모두 놓아버리게 일깨우는 중도(中道)의 가르침입니다.

물론 그 방편으로 역경을 오히려 순경처럼 그대로 다 받아들일 수 있도록 주문하고 있습니다. 그럼으로써 역경과 순경이 각자가 아님을 가르치고 있는 것입니다.

순경과 역경이 교차하지 않는 인생은 없습니다. 행복만 있고 불행이 없다든가 괴롭기만 하고 즐거움이 없는 인생은 찾아볼 수 없습니다. 아니 어느 한 가지 경계만 있다면 그것은 이미 순역, 행과 불행으로 나눌 수조차 없었을 것입니다.

이렇듯 누구에게나 다가오는 경계에 그대로 휘둘리는 이를 중생이라 하며, 스스로 주인공이 되어 그 어떤 경계라도 잘 다스리고 녹

여갈 수 있는 이가 수행자입니다.

우리는 이 「보왕삼매론」의 가르침에서 그 어떤 역경이라도 한마음 돌이킴으로써 오히려 순경이 될 수 있도록 바꾸는 지혜를 배워갈 것입니다.

역경이 괴롭다고 버릴 것도 아니며, 순경이 즐겁다고 움켜쥘 일도 아님을 알 것입니다.

역경과 순경이라고 생각하는 양극단의 분별심만 놓아버리면 그 둘은 나를 이끄는 부처님의 손길이 됩니다. 우리 수행의 밝은 재료가 될 것입니다.

나아가 본래 순역이 따로 없음을 깨닫게 될 것입니다.

몸과 마음이 아픈 분들은 「약사여래불경」을, 제사를 못 지내고 있거나 빙의 환자들은 「영가 전에」를 추천합니다. 진언이 너무 길어 외우기 힘들면 관세음보살, 나무아미타불, 지장보살 등 한 분만 정해놓고 생각날 때마다 수시로 외우십시오.

특히 그냥 막무가내로 진언을 외우는 것보다 무슨 의미인지 음미하면서 염송하는 게 제일 중요합니다. 잘 안 외워진다고 그냥 책 보듯이 외우기보다 MP3에 녹음해서 반복 재생으로 계속 듣다 보면 외워집니다.

또한 조금씩이라도 기도를 병행해 가면 더 좋은데요.

기도문은 이렇게 해보세요.

"부처님, 오늘 하루도 이렇게 진언을 외울 수 있어 감사합니다.

제가 이 힘든 상황들을 잘 극복해 나갈 수 있도록 지혜를 내려주세요."

기도는 자신이 지금까지 어떤 마음으로 살아왔는지 자신을 돌아보고 기도하고 있는 지금의 자신에게 위기와 고난을 극복하고 참회하고자 하는 의미일 뿐입니다. 아주 사소한 개인의 기도는 절대로 이루어지지 않습니다.

저는 성심성의껏 기도하는 당신을 응원합니다.

〈차 례〉

1. 순치황제 출가시 …………………… 11

2. 부설거사 사부시 …………………… 15

3. 나옹스님 토굴가 …………………… 19

4. 경허스님 참선곡 …………………… 25

5. 몽환가 …………………………… 34

6. 권왕가 …………………………… 45

7. 원적가 …………………………… 86

8. 의상조사 법성계 …………………… 90

9. 멍텅구리 ………………………… 93

10. 법구경 이십육송 ………………… 96

11. 발심 수행장 ……………………… 105

12. 보왕 삼매론 ……………………… 115

13. 영가 전에 ……………………… 121

14. 백발가 …………………………… 130

15. 혼자인생 ………………………… 135

순치황제 출가시
(順治皇帝 出家詩)

곳곳이 총림이요 쌓인 것이 밥이거니
대장부 어디 간들 밥 세 그릇 걱정하랴.
황금과 백옥만이 귀한 줄을 아지 마소
가사 옷 얻어 입기 무엇보다 어려워라.

이내 몸 중원천하(中原天下) 임금 노릇 하건마는
나라와 백성 걱정 마음 더욱 시끄러워.
인간의 백년 살이 삼만 육천 날이란 것
풍진(風塵) 떠난 명산대찰 한나절에 미칠거나.

당초에 부질없는 한 생각의 잘못으로
가사장삼 벗어 치우고 곤룡포(袞龍袍)를 감게 됐네.
이 몸을 알고 보면 서천축(西天竺) 스님인데
무엇을 인연하여 제왕가(帝王家)에 떨어졌나.

이 몸이 나기 전에 그 무엇이 내 몸이며
세상에 태어난 뒤 내가 과연 누구던가.
자라나 사람 노릇 잠깐 동안 내라더니
눈 한번 감은 뒤에 내가 또한 누구던가.

백 년의 세상일은 하룻밤의 꿈속이요
만 리의 이 강산은 한판 노름 바둑이라.
대우씨(大禹氏) 구주 긋고 탕 임금은 걸(桀)을 치며
진시황(秦始皇) 육국먹자 한태조(漢太祖)가 새터 닦네.

자손들은 제 스스로 제 살 복을 타고나니
자손을 위한다고 마소 노릇 그만 하소.
수천 년 역사 위에 닳고 닳은 영웅들이
동서남북 사방에 한줌 흙으로 누워 있네.

올 적에는 기쁘다고 갈 적에는 슬퍼하네,
속절없이 인간 세상에 와 한 바퀴를 돌단 말인가.
애당초 오지 않으면 갈 일조차 없으리니

기쁨이 없을 텐데 슬픔인들 있을런가.

나날이 한가로움 내 스스로 알 것이라
이 풍진 세상 속에 온갖 고통 여읠세라.
입으로 맛들임은 시원한 선열미(禪悅味)요
몸 위에 입는 것은 누더기 한 벌 원이로다.

사해(四海)와 오호(五胡)에서 자유로운 손님 되어
부처님 도량 안에 마음대로 노닐세라.
세속을 떠나는 일 쉽다 말을 마소
숙세(宿世)에 쌓아놓은 선근(善根) 없이 아니 되네.

십팔 년 지나간 일 자유라곤 없었노라
강산을 뺏으려고 몇 번이나 싸웠더냐.
내 이제 손을 털고 산속으로 돌아가니
만 가지 근심 걱정 내 아랑곳할 것 없네.

〈해설〉

불교역사에서는 왕이나 태자로 살다가 그 지위를 다 버리고 출가해 수행한 사례들이 많다. 특히 우리들에게 감동을 준 사례 중 순치황제 (順治皇帝)의 출가시(出家詩)가 유명하다.

순치황제는 중국 청나라 3대 임금인 세조로 어지러운 중국 천하를 통일했다. 그러나 그는 이 한편의 출가 시를 남기고 그만 출가해 우리 불자들에게 큰 감명을 주었다.

순치황제의 출가시는 일찍이 스님들에게 애독되고 많은 불자들의 심금을 울리는 내용이다.

순치제는 몽골 출신의 어머니 효장태후를 싫어해 당시 몽골 출신의 황후를 폐하고 새로운 황후 효혜장황후를 세웠지만 그녀도 마찬가지였다. '현비(賢妃)' 동악씨 후궁을 총애한 순치제는 그녀가 1660년(순치 17년) 사망하자 정치에 뜻을 잃었다. 순치제는 얼마 후 그녀를 황후로 추시하였지만 대신들이 국법에 어긋난다고 강하게 반대했다.

순치제는 이듬해인 1661년(순치 18년) 황위를 황태자 현엽에게 물려주고 24세 때 천연두로 붕어하였다.

그러나 일설에 의하면 동악씨의 죽음과 황후 추서 반대에 분노해 스스로 제위에서 물러난 뒤 오대산으로 출가해 1669년(강희 8년), 1707년(강희 46년), 1712년(강희 51년), 심지어 손자인 옹정제 초기까지 살고 입적했다지만 분명하지 않다.

부설거사 사부시
(四浮詩)

아내자식 일가친척 빽빽하기 대밭 같고
금은옥과 비단이 언덕처럼 쌓였어도,
죽음에 당도하니 내 한 몸만 홀로 가네.
생각하고 생각해도 허망할사 세상사여!

나날이 부지런히 번거롭고 속된 세상
벼슬이 조금 높자 머리카락 희어지네.
명부의 염라대왕 금어관대 우습게 봐,
생각하고 생각해도 허망할사 세상사여!

비단결에 수를 놓듯 미묘한 무애변재
천편 시 문장으로 만호후를 비웃어도
무량세를 너다 나다 잘난 자랑 걸러올 뿐.
생각하고 생각해도 허망할사 세상사여!

석사 설법을 비오듯 하여
하늘에 꽃비 내리고
무정이 깨어남을 감득해도
정력 없는 간혜로는 생사를 못 면하니.
생각하고 생각해도 허망할사 세상사여!

〈해설〉

　부설거사는 삼국시대 김제에서 활동한 승려로 성은 진(陳), 이름은
광세(光世), 자는 의상(宜祥)이다. 경주 출신으로 신라 선덕여왕 때 태
어나 20세에 불국사 원정선사(圓淨禪師)를 찾아 출가했다.

　일심(一心)으로 정신을 집중해 염불과 불경 공부 등 수도생활에 정진
해 경학(經學)이 높은 경지에 이르자 그의 명성은 높아졌으며, 경서에
밝고 글을 잘 짓는 덕망 높은 스님들도 부설을 불법의 상량으로 존경
하고 사모할 정도였다.

　불법에 정진하던 부설은 영희(靈熙)·영조(靈照) 법우와 함께 지리산·
천관산(天冠山)·능가산(楞伽山) 등지에서 수년 동안 수도했다. 어느 날
문수도량(文殊道場)을 순례하기 위해 오대산으로 가던 중 전라북도 김

제시 성덕면의 '구무원(仇無寃)'이라는 불교신자 집에 머물렀다. 당시 구무원에는 나이 20세의 무남독녀 묘화(妙花)가 있었다. 그런데 벙어리였던 묘화가 부설을 보더니 갑자기 말문이 터진 것이다.

묘화는 "소녀는 부설 스님과 전생(前生)은 물론 금생(今生)에도 인연이 있어 인과의 도리를 따르는 것이 바로 불법이다."며 "전생과 금생 그리고 후생의 삼생연분(三生緣分)을 이제야 만났으니 죽기를 맹세하고 스님을 남편으로 섬기겠다."고 하였다.

부설이 승려의 본분을 들며 이를 거절하자 묘화는 자살을 기도했다. 이에 부설은 "자작자수(自作自受)와 인(因)으로 하여금 과(果)를 따르는 법"이라며 스스로 거사라 자칭하고 묘화의 집에 머무르기로 했다. 결국 부설과 묘화는 마을 사람들이 지켜보는 가운데 혼례식을 올렸다.

부설거사는 묘화 부인과 15년간 살면서 아들 등운(登雲)과 딸 월명(月明)을 낳았는데, 아이들이 성장하자 부인에게 맡기고 백강 변의 초가에서 참선하기 시작했다. 바로 이곳이 지금의 김제시 진봉면 심포리의 망해사(望海寺)이다.

훗날 영희와 영조 대사가 부설거사를 찾아와 희롱하는 태도를 보였다. 그러자 부설거사는 "신령스런 빛이 홀로 나타나 뿌리와 티끌을 멀리 벗어 버리고 몸에 본성의 진상이 삶과 죽음을 따라 옮겨 흐르는 것은 병이 깨어져 부서지는 것과 같다. 진성은 본래 신통하고 영묘하며, 밝음이 항상 머물러 있는 것은 물이 공중에 매달려 있는 것과 마찬가지이다."며 "그대들은 높은 스승을 두루 찾았고 오랫동안 총림에서 세월을 보냈는데 어찌 생(生)과 멸(滅)을 자비심으로 돌보고 보호하며 진상(眞常)을 삼고 환화(幻化)를 공(空)으로 하여 우주에 존재하는 모든 사물의 본성을 지키지 못하는가. 다가오는 업(業)에 자유가 없음을 증험하고자 하니 상심(常心)이 평등한가, 평등하지 못한가를 알아야 하는 것이다.”고 설법한 뒤 임종게(臨終偈)를 남기고 단정히 앉아 입적(入寂)했다.

영희와 영조는 부설거사를 다비(茶毘)한 후 사리를 변산 묘적봉(妙寂峰) 남쪽에 안치했다. 부설거사의 아들과 딸은 그때 출가해 수도자의 길을 걸었으며, 묘화 부인은 110세까지 살다가 죽기 전에 집을 보시해 절을 만들었다.

부설거사에 관한 이 이야기는 조선 후기에 편찬한 『영허대사집(暎虛大師集)』에 수록되어 있다.

나옹선사 토굴가
(懶翁禪師 土窟歌)

청산림(靑山林) 깊은 곳에 일간토굴(一間土窟) 지어놓고
송문(松問)을 반개(半開)하고 석경(石耕)을 배회하니
녹양(綠楊) 춘삼월하(春三月下)에 춘풍이 건듯 불어
정전(庭前)의 백종화(百種花)는 처처(處處)에 피었는데
풍경(風景)도 좋거니와 물색(物色)이 더욱 좋다.

그 중에 무슨 일이 세상에 최귀(最貴)한고
일편무위(一片無爲) 진묘향(眞妙香)을
옥로중(玉爐中)에 꽂아두고
적적한(寂寂) 명창하(明窓下)에 묵묵히 홀로 앉아
십년을 기한정(期限定)코 일대사를 궁구(窮究)하니
증전(曾前)에 모르던 일 금일(今日)에야 알았구나.
일단고명(一段孤明) 심지월(心地月)은
만고(萬古)에 밝았는데

무명장야(無明長夜) 업파랑(業波浪)에
길 못 찾아다녔도다.
영축산 제불회상(諸佛會上) 처처(處處)에 모셨거든
소림굴 조사가풍(祖師家風) 어찌 멀리 찾을소냐.

청산(青山)은 묵묵(默默)하고 녹수(綠水)는 잔잔한데
청풍(清風)이 슬슬(瑟瑟)하니 어떠한 소식인가.
일리재평(一理齊平) 나툰 중에 확개조차 구족하다
천봉만학(千峰萬壑) 푸른 송엽 일발중에 담아두고
백공천창(百孔千瘡) 깁은 누비 두 어깨에 걸었으니
의식(衣食)에 무심(無心)커든 세욕(世慾)이 있을소냐.
욕정에 담박하니 인아사상(人我四相) 쓸데없고
사상산(四相山)이 없는 곳에 법성산(法性山)이 높고 높아
일물(一物)도 없는 중에 법계일상(法界一相) 나투었다.
교교한 야월하(夜月下)에 원각산정(圓覺山頂) 선뜻 올라
무공저(無孔笛)를 빗겨 불고 몰현금(沒絃琴)을 높이 타니
무위자성(無爲自性) 진실락(眞實樂)이 이중에 갖췄더라.

석호(石虎)는 무영(舞詠)하고 송풍(松風)은 화답할제
무착령(無着嶺) 올라서서 불지촌(佛地村)을 굽어보니
각수(覺樹)에 담화(曇花)는 난(爛) 만개(滿開)더라.

나무 영산회상 불보살(南無 靈山會上 佛菩薩)
나무 영산회상 불보살(南無 靈山會上 佛菩薩)
나무 영산회상 불보살(南無 靈山會上 佛菩薩)

〈해설〉

  나무가 우거진 깊은 산골에 한 칸의 토굴을 지어 놓고, 소나무 문을
반쯤 열어놓고, 돌밭 길을 포행(마음공부를 챙기면서 천천히 산책하는 것)
하니, 시절은 버들가지 푸른 춘삼월 봄날에 훈훈한 봄바람이 건듯 불
어오고, 뜰 앞에는 여러 가지 이름 모를 꽃이 여기저기 만발하였는데,
풍경은 말할 것도 없고 봄날의 싱그러운 자연의 빛깔들이 더욱 좋다.
  이런 것 중에서도 무슨 일이 세상에서 제일 귀하고 중요한 것인가?

잠시의 인연화합에 의해 조작된 것이 아니며, 생멸하지 않고, 인과가 없고 번뇌가 없는 불생불멸하는 진짜 묘한 법(法)향을 옥향로에 꽂아 두고 아주 고요한 밝은 창가에 묵묵히 홀로 앉아 십년은 죽었다 생각하고 이 도리(생사 없는 도리)를 기필코 깨치고야 말겠다는 마음으로 정진하니…. 위와 같이 하면 일찍이 모르던 일을 어느 날 갑자기 깨우쳐 생사뿐 아니라 세상 이치, 자연의 이치가 한눈에 들어와 죽고 사는 데 매이지 않고 세상사 그대로가 극락이요 불국토이겠지.

세상사람 다 모르는 일을 나 혼자 훤하게 깨달아 마음의 달이 밝게 떠올랐는데, 알고 보니 그것은 깨닫기 이전인 아주 오랜 옛날부터 밝게 떠 있었지만 모르고 지냈을 뿐이었네.

근본 무지에 쌓여 있다 보니 어둡고 긴 밤 같은 전생의 업과 현생의 업에 끌려 번뇌와 불안 속에서 참행복이 무엇인지 모른 채 세속을 헤매고 다닌 것이지, 깨닫고 보니 부처님 생존 당시 부처님이 영축산에서 설법하실 때와 같이 풀 한 포기 돌멩이 하나가 다 무상 설법을 하고 있는데, 달마조사가 소림굴에서 면벽수도하면서 마음과 마음으로 전하는 불법을 어찌하여 멀리서 찾겠는가?

청산은 아무 말이 없고 맑은 물만 잔잔히 흐르는데, 시원한 맑은 바람 슬슬 불어오니 이것이 어떠한 깨침의 도리인가?

하나의 밝은 이치가 확연히 드러나니 살림살이(닦아 놓은 마음, 어디에도 매달리거나 집착하지 않아 대자유인이 된 마음)가 풍족할 수밖에…. 이렇게 깨친 다음에야 먹고 마시는 데 매이겠는가?

천 개의 봉우리와 만개의 골짜기가 어우러진 깊은 산골의 맑은 물과

솔잎, 풀잎을 나무 그릇 하나에 담아 양식으로 일용하지만 기름진 진수성찬보다 더 맛이 있을 것이다. 먹는 것에 관심이 없는데 입는 것에 무슨 관심이 있겠나?

백 구멍이 나면 어떻고 천 구멍이 나면 어떠랴, 임금의 용포보다 더 값진 것을…. 의식주에 관심이 없는데 세상사 욕락(慾樂)에 무슨 관심이 있겠는가?

탐·진·치 삼독(三毒)이 다 욕심 때문인데 욕심이 없으면 근심이 없는 법, 그대로가 바로 극락이겠지. 부질없는 세속적인 욕심 없이 깨끗해지니 잘못된 집착들이 붙을 곳이 없고, 위와 같은 4상이 없으면 당연히 진짜 나의 참모습[眞我]이 훤하게 드러나므로 그것이 진짜 나의 법성(法性: 참모습, 참부처)일 것이다. 이쯤 되면 만물이 부처 아님이 없고 법문 아님이 없는 가운데 나(진짜 참 나)의 법성만 뚜렷이 밝을 것이다.

달빛이 교교한 달밤에 완전히 깨달은 열반의 언덕에 선뜻 올라서면 형상에 집착함이 없을진대 구멍 없는 피리를 불지 못할 이유가 없고, 줄 없는 가야금을 타지 못할 이유가 어디 있겠는가?

인위적으로 조작되고 생멸하지 않는 진짜 자신의 참모습, 근본 마음, 즉 인간이 가지고 있는 본래의 불성(이것을 아무 것도 모르는 일반 사람들이 뜻도 모르면서 자신이 곧 부처라고 하는 말)을 자성(自性)이라 한다. 이를 깨달아 자성이 확연히 드러나면 그것보다 더한 즐거움이 어디 있겠는가?

얼마나 즐거운지 돌사자가 춤을 추고 솔바람이 화답하겠는가? 깨달음의 희열은 깨달은 이만 아는 법이다. 무착령은 위에 나오는 무위(無

爲)와 비슷한 뜻으로 어떤 것에도 집착하거나 얽매이지 않는 깨달음의 경지, 부처의 경지에서 아래를 내려다보면 모든 세상사 그대로가 부처 아닌 것이 없고, 그 자체가 그대로 부처이거늘…. 온 천지가 부처님 세계이고 극락이라. 그대로 다 깨달음의 나무에 우담바라가 만발하게 피었더라.

경허(鏡虛)선사 참선곡(參禪曲)

홀연(忽然)히 생각하니 도시몽중(都是夢中)이로다
천만고(千萬古) 영웅호걸 북망산 무덤이요
부귀(富貴) 문장 쓸데없다 황천객을 면할쏘냐
오호(嗚呼)라 이내 몸이 풀끝에 이슬이요
바람 속에 등불이라

삼계대사(三界大師) 부처님이 정녕히 이르사대
마음 깨쳐 성불하여 생사윤회 영단(永斷)하고
불생불멸 저 국토에 상락아정 무위도(無爲道)를
사람마다 다할 줄로 팔만장교 유전(遺傳)이라
사람 되어 못 닦으면 다시 공부(工夫) 어려우니
나도 어서 닦아보세
닦는 길을 말하려면 허다히 많건마는
대강(大綱) 추려 적어보세

앉고 서고 보고 듣고 착의끽반 대인접화(對人接話)
일체처(一切處) 일체시(一切時)에
소소영영(昭昭靈靈) 지각(知覺)하는 이것이 무엇인고
몸뚱이는 송장이요 망상번뇌 본공(本空)하고
천진면목(天眞面目) 나의 부처 보고 듣고
앉고 눕고 잠도 자고 일도 하고
눈 한번 깜짝할제 천리만리 다녀오고
허다(許多)한 신통묘용(神通妙用)
분명(分明)한 이내 마음 어떻게 생겼는고?

의심(疑心)하고 의심하되 고양이가 쥐 잡듯이
주린 사람 밥 찾듯이 목마른 이 물 찾듯이
육칠십(六七十) 늙은 과부 외자식을 잃은 후에
자식 생각 간절하듯 생각생각 잊지 말고
깊이 궁구하여 가되 일념만년(一念萬年) 되게 하여
폐침망찬(廢寢忘饌)할 지경에 대오(大悟)하기 가깝도다
홀연(忽然)히 깨달으면 본래(本來) 생긴 나의 부처
천진면목(天眞面目) 절묘(絶妙)하다

아미타불(阿彌陀佛) 이 아니며,
석가여래(釋迦如來) 이 아닌가
젊도 않고 늙도 않고 크도 않고 작도 않고
본래(本來) 생긴 자기영광(自己靈光)
개천개지(蓋天蓋地) 이러하고
열반진락(涅槃眞樂) 가이없다
지옥 천당(地獄天堂) 본공(本空)하고
생사윤회(生死輪回) 본래(本來) 없다

선지식(善知識)을 찾아가서 요연히 인가(印可)받아
다시 의심(疑心) 없앤 후에 세상만사 망각(忘却)하고
수연방광(隨緣放曠) 지내가되 빈 배같이 떠 놀면서
유연중생(有緣衆生) 제도(濟度)하면
보불은덕(報佛恩德) 이 아닌가?

일체계행(一切戒行) 지켜 가면
천상인간 복수(福壽)하고 대원력(大願力)을 발하여
항수불학(恒隨佛學) 생각하고

동체대비(同體大悲) 마음먹어
빈병걸신 괄세말고 오온색신(五蘊色身) 생각하되
거품같이 관(觀)을 하고
바깥으로 역순경계(逆順境界) 몽중으로 관찰하여
희로심(喜怒心)을 내지 말고 허령(虛靈)한 이내 마음
허공(虛空)과 같은 줄로 진실(眞實)히 생각하여
팔풍오욕(八風五慾) 일체경계(一切境界)
부동(不動)한 이 마음을 태산 같이 써 나가세

허튼소리 우스개로 이 날 저 날 다 보내고
늙는 줄을 망각(忘却)하니 무슨 공부 하여 볼까
죽을 제 고통 중에 후회한들 무엇 하리
사지백절(四肢百節) 오려내고 머릿골을 쪼개는 듯
오장육부(五臟六腑) 타는 중에 앞길이 캄캄하니
한심참혹(寒心慘酷) 내 노릇이 이럴 줄을 누가 알고
저 지옥과 저 축생(畜生)에 나의 신세 참혹(慘酷)하다
백천만겁 차타(蹉跎)하여 다시 인신(人身) 망연하다

참선(參禪) 잘한 저 도인은 앉아 죽고 서서 죽고
살지도 않고 선탈(蟬脫)하며 오래 살고
곧 죽기를 마음대로 자재(自在)하며
항하사수(恒河沙數) 신통묘용(神通妙用)
임의쾌락(任意快樂) 자재하니
아무쪼록 이 세상(世上)에 눈코 쥐어뜯고
부지런히 하여 보세
오늘 내일 가는 것이 죽을 날에 당도하니
푸줏간에 가는 소가 자죽자죽 사지(死地)로세

예전 사람 참선할 제 촌음(寸陰)을 아꼈거늘
나는 어이 방일(放逸)하며 예전 사람 참선할 제
잠 오는 것 성화하여 송곳으로 찔렀거늘
나는 어이 방일하며 예전 사람 참선할 제
하루해가 가게 되면 다리 뻗고 울었거늘
나는 어이 방일한고 무명업식(無明業識) 독한 술에
혼혼불각(昏昏不覺) 지나가니 오호라 슬프도다.

타일러도 아니 듣고 꾸짖어도 조심(操心) 삼고
심상(尋常)히 지나가니
혼미(昏迷)한 이 마음을 어이하여 인도(引導)할고.
쓸데없는 탐심진심(貪心嗔心) 공연(空然)히 일으키고
쓸데없는 허다분별(許多分別) 날마다 분요(紛擾)하니
우습도다 나의 지혜 누구를 한탄(恨歎)할고.
지각(知覺) 없는 저 나비가 불빛을 탐(貪)하여서
저 죽을 줄 모르도다.
내 마음을 못 닦으면 여간계행(如干戒行)
소분복덕(小分福德) 도무지 허사로세
오호라 한심(寒心)하다

이 글을 자세(仔細) 보아 하루에도 열두 때며
밤으로도 조금 자고 부지런히 공부하소.
이 노래를 깊이 믿어 책상 위에 펼쳐 놓고
시시(時時) 때때 경책(警策)하소.
할 말을 다하려면 해묵서이부진(海墨書而不盡)이라.
이만 적고 끝내오니 부디부디 깊이 하소.

다시 할 말 있사오니 돌장승이 아이 나면
그때에 말하리라.

〈해설〉

수행의 종교인 불교는 존재의식을 자각하고, 삶에서 소중한 것이 무엇인지 궁구하게 하며, 진정한 행복의 길[離苦得樂]을 제시한다.

불조(佛祖)의 진리가 넘쳐나는데도 우리는 왜 이리 번뇌의 구렁에서 헤어나지 못할까?

「참선곡」은 사찰 불교대학에서 선학 강의를 할 때마다 불자들과 함께 자주 독송한다. 서산 휴정도 선시에서 "만국의 도성은 개미집과 같고 천하의 수많은 호걸들도 하루살이 같다."고 전했다.

이는 인간에게 재물과 명예가 아닌 무엇인가의 소중함을 일깨우는 대목으로 "우리 삶에서 진정 가치 있는 삶이 무엇인가?"를 사유하도록 주문한다.

19~20세기 중반 중국의 선(禪)을 개혁한 선사가 허운(虛雲, 1840~1959)이다. 대만이나 해외에 체류하는 중국 선사들이 대부분 허운의 법맥이다. 현 중국의 선은 허운이 아니었다면 존재하기 힘들었을 것이다.

바로 이 허운과 비교할 만한 우리나라 선사가 경허이다. 즉 경허가 없었다면 현재 한국의 선이 제대로 존립했을지 의문이 든다는 얘기다.

전주 출신인 경허 성우(鏡虛惺牛, 1849~1912)의 법호는 경허, 법명은 성우(惺牛)이다. 경허는 9세 때 어머니의 손에 이끌려 경기도 과천 청계산으로 출가했다. 계허에게 득도해 5년을 보내고, 13세에 한학을 배웠다. 14세에 스승 계허가 경허를 동학사 만화 강백에게 소개해 경전을 공부하기 시작했다. 경허는 1872년 23세에 동학사에서 경전을 강의했다.

경허는 1880년 31세에 용암(龍巖)의 법통을 이었으며 서산 휴정의 11대손, 환성 지안의 7대손이라고 스스로 밝혔다(현재 법맥도는 이 기준에 따름).

그러나 이렇게 법통을 거론하지만 경허는 무사독오(無師獨悟)한 셈이다. 선사는 서산 천장암으로 옮겨 보림(保任)했다.

「경허집」에 따르면 선사의 보림 과정은 다음과 같이 전한다.

"한 벌 누더기옷으로 추운 겨울이나 찌는 여름에도 갈아입지 않았다. 스님의 옷 속에는 빈대와 이가 득실거려 온몸이 헐어 있을 정도였다. 누워 있을 때 구렁이가 배에 기어다녀도 태연했고, 구렁이가 어깨와 등을 타고 기어다녀도 마음이 전혀 요동하지 않았다."

선사가 이곳에 머물 때 1884년 수월(水月)이 왔고, 한 달 후 14살의 어린동자 만공이 왔으며, 비슷한 시기에 혜월(慧月)이 입문했다. 이들은 모두 선사의 제자들로 '세 달(三月)'이라고 불린다(수월은 상현달, 혜월은 하현달, 만공은 보름달).

선사는 충남 일대 개심사와 부석사를 왕래하면서 선풍을 드날렸다. 이후 20여 년 간 도처 곳곳 사찰에서 선풍을 떨치며 제자들을 지도했다.

1898년 50세에 범어사에 최초의 선원을 개설했다. 다음해에 해인사로 옮겨가 대장경 인출 불사와 수선사(修禪社)를 설치하는 불사에 법주(法主)로 추대됐다.

이 밖에 경허는 해인사에서 결사문을 작성한다. 그 다음해에는 조계산 송광사에 머물다 실상사 백장암 중수문을 작성했다. 선사는 영호남을 오가며 선풍을 전개하는 도중 54세에 범어사에서 『선문촬요(禪門撮要)』를 편찬한다.

1904년 56세 때 경허는 천장암으로 돌아온다. 선사는 천장암에서 염불승 무용(無用)을 만나 '참선곡'과 '중노릇 잘하는 법'을 가사문학으로 만들었다.

다음해 57세에 광릉 봉선사 월초스님을 만나고, 오대산 금강산을 거쳐 안변 석왕사에서 오백나한 개분불사 증명법사로서의 모습을 마지막으로 자취를 감췄다.

경허는 삼수갑산에서 박난주로 개명하고 서당 훈장을 하다가 1912년 4월 64세에 갑산 웅이방 도하동에서 입적했다. 1913년 만공과 혜월이 갑산으로 가서 스승의 시신을 꺼내 다비했다.

선사는 집착 없는 자재함으로 참자유를 즐기다 헌옷을 버리고 새 옷을 갈아입는 것처럼 해탈 언덕으로 건너갔다.

몽환가
(夢幻歌)

꿈결이요 신기루라 세상만사
몽환이요 거품이요 그림자라 모두가 다 몽환이며
이슬이요 번개로다 몽환 아님 다시 없고
부운이요 부평초라 결국 모두 몽환일세
천상락이 좋다 하나 삼계가 곧 화택이니
천상이든 지상이든 그도 역시 몽환이요
인간세계 전륜황이 만선복덕 제일이나
생로병사 못 면하니 그도 역시 몽환이며
역대황후 고금호걸 당시에는 자재하나
수비고뇌 못 면하고 죽어지면 허사되니
다시 한 번 돌아보면 그도 역시 몽환이요
나의 권속 지중하여 살아생전 보배이나
임종시에 이별하니 그도 역시 몽환이며

출장입상 부귀신의 위엄세도 대단하나
임종시엔 속수무책 그도 역시 몽환이요
진보복장 칠보영락 인간세상 큰 보배나
죽은 뒤엔 무용지물 그도 역시 몽환이며
문장명필 백종기예 제일이라 자랑해도
임종시엔 쓸데없고 만반고통 뿐일지니
그럭구러 생각하면 그도 아니 몽환인가

여보 세상 사람들아 사태육신 튼튼하고
여섯 감관 견고할 제 몽환세간 간탐 말고
실체세간 천단사가 몽환인 줄 꼭 믿어서
몽환삼매 놓지 말고 아미타불 대성호를
식념 중에 잃지 말고 십이시중 주야 없이
부지런히 염불하여 저 극락에 어서 가세
우리 세존 대법황이 백천방편 베푸르사
화택중생 제도할 때 금구소설 이른 말씀
백천만억 국토 중에 극락이라 하는 세계
서편 쪽에 있사온데 시방세계 염불중생

임명종시 당하오면 아미타불 대성존이
그 중생을 데려다가 연화대에 나게 하니
신색광명 진금이요 대인상호 구족하며
칠보궁전 상묘의식 생각대로 절로 생겨
마음대로 수용하고 생로병사 괴로움과
온갖 근심 모두 없고 목숨 줄이 무궁하여
상쾌락 받건마는 다시 생사 아니 받고
아미타불 수기 얻어 무상보리 증득하고
지혜신통 자재하며 선근공덕 만족하고
보살도를 성취하니 대각세존 이 아닌가
아미타불 대성존이 사십팔원 굳게 세워
일체중생 제도하여 연화대로 인도할 제
반야선을 크게 지어 노자 없고 뱃삯 없는
애욕 바다 빠진 중생 반야선에 태워다가
나고 죽음 고통바다 모두 함께 건너갈 때
아미타불 선주 되고 관음세지 타공 되어
사십팔원 노를 저어 안양국에 들어가니
황금으로 땅이 되고 백은으로 성이 되어

칠중난순 둘러 있고 칠중나망 덮여 있어
부는 바람 요풍이요 밝은 광명 순식이라
금은유리 칠보로써 곳곳마다 충만하고
백천풍악 진동하매 소리마다 염불이라
팔공덕수 연못에는 오색 연꽃 피었거든
한결같이 광명이요 색채마다 찬란하네.

여보 세상 사람들아 생사장야 어둔 밤에
오랜 꿈을 어서 깨어 노는 입에 염불하되 가고 오고
일하거나 말하거나 잠잠커나
움직이든 고요하든 언제거나 어디서나
아미타불 놓지 말고 날이 가고 달이 가서
자꾸 닦아 가노라면 저 극락에 아니 갈까
오래도록 하노라면 허다망상 없어지고
염불삼매 성취하여 십악업을 소멸하고
십만억토 극락세계 자심 중에 나타나며
만덕존상 아미타불 방촌 중에 뵈올지라
마음 밖에 극락 없고 극락 밖에 마음 없어

내 마음이 아미타요 아미타가 자성일세
나의 일념 진실하면 왕생극락 하는 날에
사십팔원 아미타불 이 자리서 아니 볼까
인생 일세 덧없으니 부귀영화 좋다 한들
한바탕의 봄꿈이라 일장춘몽 다름없고
인간 칠십 오래든가 아침 이슬 다름없어
굳건한 것 하나 없고 진실한 것 별로 없네
허다망상 다 버리고 부지런히 염불하여
극락정토 어서 가서 미타 품에 안겨보세

오탁악세 나는 중생 과거죄업 지은 대로
삼악도에 순환하며 무량고를 받삽나니
우리세존 대법왕은 그 중생이 불쌍하여
참회문을 열어놓고 노소남녀 할 것 없이
참회발원 하게 되면 무량죄업 소멸하고
자성미타 친견할 줄 고구정녕 일렀건만
그 말씀을 아니 듣고 냉소하며 뿌리치니
죄업 짓는 저 중생이 근들 아니 불쌍한가.

불에 드는 저 나비와 고치 짓는 저 누에는
불보살의 대원인들 무슨 도리 있겠는가.
업보인과 지은 대로 무간속에 떨어지면
나올 기약 망연하니 일념지성 참회하여
극락발원 굳게 세워 시시때때 명심하여
쓸데없는 수다 말고 노는 입에 염불하소.
극락 가기 발원하면 염라대왕 문서 중에
내 이름을 빼워내고 나의 수행 하는 대로
연화점점 자라나서 안광낙지 하는 날에
그 연화에 태어나니 그 아니 기쁠쏜가.

애욕심에 사로잡혀 만당처자 애착하고
금은옥백 탐을 낸들 목숨 마쳐 돌아갈 제
어느 처자 대신하며 금은 가져 노자할까
생사광야 험한 길에 나의 고혼 홀로 가니
사자 한 쌍 동행되어 번개같이 몰아가네.
선근공덕 없으면 삼악도의 험한 구렁
화살같이 들어가니 남섬부주 나는 사람

결정신심 전혀 없어 아침녘에 신심 내다
저녁 나절 물러서니 무슨 효험 있을쏜가.
염불신청 안할 때에 연화대에 새긴 이름
절로 절로 없어지고 연화점점 말라버려
악도중생 도로 되니 근들 아니 원통한가.
또한 다시 어떤 사람 평시에는 염불타가
병이 들면 아주 잊고 아픈 것만 생각하여
살기로만 바라다가 생로병사 빠른 길에
삼백육십 골절마다 무상살귀 낚아들어
바람칼로 에워낼 제 두려워서 손발 젖고
호흡 사이 죽는 신생 맑은 정신 벌써 낚아
저승세계 귀신계에 속절없이 던져진 뒤
임종염불 하여준들 무슨 효험 있을 거며
도적 간 후 문 닫으니 그 무엇을 잡을쏜가.
여보 세상 사람들아 우리 세존 대법왕이
일체중생 제도코자 대법고를 크게 치고
삼계옥문 열어놓고 갇힌 중생 벗어나라
대자대비 크신 방편 제아무리 일러준들

문을 벗어 아니 나면 그 중생은 할 길 없네.
생전 약간 염불타가 악한 업을 못 이겨서
업을 좇아 떨어지니 평생 적공 쓸데없네.
살아생전 염불하여 임명종시 쓰잤더니
바른 생각 잃어버려 악업만을 좇아가니
일생동안 닦은 염불 그럴 때엔 쓸데없네.
병이 만일 들거들랑 생사무상 가끔 깨쳐
이내 몸이 허환하여 괴로움이 무량하니
구품연대 상품상에 바로 가서 태어나길
일념으로 기다리고 일심으로 염불하소.
만일 병이 중하여도 귀신에겐 빌지 마소
수명장단 정한 것을 작은 귀신 어찌할까
장병 있던 풍부신은 염불하고 병 나으며
눈 어둡던 장씨녀는 염불하고 눈떴으니
나의 정성 지극하면 이런 효험 아니 볼까.
염불 비방하는 사람 부디부디 비방 마소.
전세적덕 하온 고로 금시부귀 받거니와
금세 비방하는 죄는 후세격정 받느니라.

선성비구 시자 되어 이십년을 시불타가
생함지옥 하였으니 근들 아니 무서운가.
예로부터 지금까지 하나하나 살피건대
승속남녀 존비귀천 내지죄악 범부라도
지성으로 염불하면 아니 갈 이 뉘 있으리.
만고호걸 남아들아 장생불사 하잿더니
어제 성턴 사람 오늘 황천 무덤이라.
여보 세상 사람들아 그 무엇이 장구던가
잠을 깨소 잠을 깨소 생사장야 잠을 깨소
조개라도 잠을 자면 천년 만에 깨건마는
몇 부처님 출세토록 어이 여태 아니 깨노.
이제라도 잠을 깨서 몽환세계 탐착 말고
시시때때 염불하여 저 극락에 어서 가세
아미타불 시옵는 그 세계에 들어가면
삼계화택 싫은 집을 여래실에 얻어들고
삼악도중 싫은 옷은 신욕의로 갈아입고
육도순환 없던 자리 법공좌에 얻어 앉고
환망진구 모든 때를 팔공덕수 목욕하고

탐진번뇌 더운 땀을 보리수하 드리우고
몽환불과 증득한 뒤 몽환비지 순전하여
몽환중생 제도하고 법성토의 너른 뜰에
임운등등 등등임운 마음대로 노닐면서
나고 죽음 모두 떠난 무생곡을 불러보세
나무아미타불 나무관세음보살

〈해설〉

「몽환가」는 작자, 연대 미상의 4음보 율격 불교가사이다. 같은 제목으로 여러 이본이 전하는데, 분량의 차이는 있으나 모두 서사 - 본사 - 결사의 3단 구성을 보이는 경우가 많다.

「몽환가」와 유사한 내용의 가사로 「몽환별곡」이 있다. 두 작품은 같은 주제를 상이한 방식으로 풀어낸 차이가 있다. '몽환가'류로 묶일 수 있는 작품으로는 「몽환가」(『석문의범』, 147행), 「몽환가」(『역대가사문학전집』 1740번, 145행), 「몽환가」(『서방금곡』, 『역대가사문학전집』 1741번, 155행), 「몽환가」(『증도가』, 38행) 등이 있다.

내용은 육신이 건강할 때 일체세간이 다 몽환임을 깨닫고 염불하여 극락세계에 왕생할 것을 권한 불교가사이다.

불교의식집인 『석문의범』에 수록된 「몽환가」를 중심으로 살펴보면, 서사(1~16행)에서는 단도직입적으로 세상만사가 모두 한바탕 꿈이라고 단언했다. 구체적으로 '천상락', '전륜왕', '역대왕후', '고금호걸', '나의 권속', '출장입상 부귀인', '진보복장', '칠보영락', '문장명필' 등 인생의 영화를 보여준다. 이들의 부귀영화도 임종시에는 모두 허망하다고 강조한다.

본사(16~132행)는 그 해결방안을 제시했다. 일심으로 아미타불 대성호를 염불하면 극락왕생할 수 있다는 주제를 담았다. 정토3부경(『무량수경』, 『관무량수경』, 『아미타경』)에 나오는 극락의 묘사와 왕생의 방법은 긴 것이 특징이다. 결사(133~147행)에서는 "여보세상 사람들아 잠을 깨소 잠을 깨소"라며 탐진번뇌를 깨쳐 중생을 제도하고 법성토 넓은 뜰에서 무생곡(無生曲)을 불러보자고 당부한다.

「몽환가」에는 「몽환별곡」보다 몽환으로 제시한 세상사가 짧은 반면 극락의 환희상과 염불 공덕을 제시한 부분이 상대적으로 큰 비중을 차지한다. '몽환가'류 작품이 수록된 문헌은 대부분 수준 있는 승려에 의해 편찬됐다. 「몽환가」는 「몽환별곡」에 비해 불교적 구심력이 큰 작품이다.

권왕가
(勸往歌)

오호라 슬프도다 삼계(三界)가 화택(火宅)이요
사생(死生)이 고해(苦海)로다 어이하여 그러한고
천상에 나는 사람 칠보궁전(七寶宮殿) 수신하고
의식(衣食)이 자연(自然)하여 쾌락이 무량하나
천복(天福)이 다하오면 오쇠고(五衰苦)가 나타나서
삼도윤회(三途輪回) 못 면하니 그도 아니 화택인가
인간에 전륜왕(轉輪王)은 이만부신 억만대신
일천태자 시위하고 칠보(七寶)가 구족(具足)하여
사천하(四天下)를 거느리고 위덕(威德) 자재(自在)하나
그 복이 다 하오면 업보(業報)를 못 면하여
고취(苦趣)에 떨어지니 그도 아니 화택인가

천상인간(天上人間) 제일복도 오히려 저렇거든
황어요마(況於么麽) 사서인(士庶人)의

빈궁 고독 무량고(無量苦)를 다시 무엇 의논할까
하물며 삼악도(三惡道)에 만사만생(萬死萬生)하는 고통
무량겁(無量劫)을 지내가니 놀랍고도 두렵도다
이러한 화택(火宅) 중에 어찌 하여 벗어날고.

우리 세존 대법왕이 백천방편(百千方便) 베풀어서
화택 제자(諸子) 구원할 때 성교(聖敎) 중에 하신 말씀
십만억토 서편쪽에 극락이라 하는 세계
황금으로 땅이 되고 백천 진보(珍寶) 간착(間錯)하여
산천 강해 아주 없고 평탄(平坦) 광박(廣博) 엄려하여
밝은 광명 영철(暎徹)함이 천역 일월 화합한 듯
곳곳이 보배 나무 칠중(七重)으로 둘렀으니
어떤 나무 순금이요 어떤 나무 순은이며
또 다시 어떤 나무 황금으로 뿌리 되고
백은으로 줄기 되며 유리(琉璃)로 가지 뻗고
진주엽(眞珠葉)이 번성커든 자거(硨磲) 꽃이 만발하여
마니과실(摩尼果實) 열렸으며 또 다시 어떤 나무
근경지(根莖枝)는 황금이요 화과엽(花果葉)은 백은이며

가지가지 보배 나무 금은유리(金銀琉璃) 칠보(七寶)로서
서로 서로 섞였는데 칠중난순(七重欄楯) 둘러 있고
칠중라망(七重羅網) 덮였으되
무비상묘(無非上妙) 보배로다

오백억천 묘화궁전(妙華宮殿)
나무 가지마다 상하에 벌려 있고 오백억천 동자들이
그 궁전에 유희(遊戲)하되 광명 있는 마니주(摩尼珠)로
화만영락(華鬘瓔珞) 장엄일세.
팔종 청풍 건듯 불어 보수(寶樹) 보망(寶網) 나는 소리
미묘하고 청철(淸徹)하여 백천풍악 진동하니
그 소리 듣는 자는 탐진 번뇌(貪瞋煩惱) 소멸하고
염불심(念佛心)이 절로 나며
또 다시 그 나라에 백보색조(百寶色鳥) 있사오되
백학이며 공작이며 가릉빈가(迦陵頻迦) 공명조라.
주야육시(晝夜六時) 우는 소리 화아(和雅)하고 미묘하여
무상법(無上法)을 연설커든 듣는 자가 감동하여
염불심(念佛心)이 격발(激發)하며 또 다시 그 국토에

권왕가 47

가지가지 하늘 꽃을 주야육시(晝夜六時) 비주거든
중생들이 그 꽃으로 시방세계(十方世界) 제불전(諸佛前)에
두루 가서 공양하고 순식간에 돌아오며
죄보여인(罪報女人) 실로 없고 칠보(七寶)로 생긴 못에
팔공덕수(八功德水) 충만하고 사색연화 피었다네.

시방세계 염불중생 임명종시(臨命終時) 당하오면
아미타불 대성존(大聖尊)이 그 중생을 데려다가
연화중에 화생하니 신색(身色)이 진금(眞金)이오
대인상호(大人相好) 구족(具足)하여
칠보궁전(七寶宮殿) 상묘의식(上妙衣食)
생각조차 적로 생겨 임의자재(任意自在) 수용하며
수량(壽量)이 무궁하여 생로병사 우비고뇌(憂悲苦惱)
삼고팔고(三苦八苦) 도시 없고
불생불멸 불기불포(不飢不飽) 무량쾌락 수하오며
다시 생사 아니 받고 미타성존 수기(授記) 입어
무생법(無生法)을 증득하며 지혜신통 자재(自在)하고
공덕선근(功德善根) 만족하여 보살도를 성취하며

상선인(上善人)이 취회(聚會)하여 과거본행 의논학 제
나는 과거 본행시에 염불삼매(念佛三昧) 성취하며
대승경전(大乘經典) 독송하고 이 극락에 나왔노라
나는 과거 본행시에 삼보전(三寶前)에 공양하고
국왕부모 충효하며 빈병걸인(貧病乞人) 보시하고
이 극락에 나왔노라

나는 과거 본행시에 욕되는 일 능히 참고
지혜를 수습하여 공경하고 하심(下心)하며
일체 사람 권화하여 염불 식힌 공덕으로
이 극락에 나왔노라

나는 과거 본행시에 탑사를 이룩하고
불도량(佛道場)을 소쇄(掃灑)하며 죽는 목숨 살려주고
청정계행(淸淨戒行) 수지(受持)하여
삼귀오계 팔관재 십선업(十善業)을 수행하고
이 극락에 나왔노라

나는 과거 본행시에 십재일(十齋日)에 목욕하고
재일(齋日) 성호 염송하며 비밀진언 지송(持誦)하고
이 극락에 나왔노라

나는 과거 본행시에 우물 파서 보시하며
험한 도로(道路) 수축(修築)하고 무거운 짐 대신 지며
새벽마다 서향하여 사성존(四聖尊)께 예배하고
이 극락에 나왔노라
나는 과거 본행시에 평원(平原) 광야 정자 심어
왕래인(往來人)을 쉬게 하며 유월 염천 더운 때에
참외 심어 보시하며 큰 강수에 배 띄우고
작은 냇물 다리 놓고 왕래인을 통섭(通涉)했네
산고곡심 험한 길에 실로자(失路者)를 지도하며
그믐칠야(漆夜) 밤길 가는 저 행인을 횃불 주며
앞 어두운 저 맹인이 개천 구렁 건너거든
부축해서 인도하고 객사타향(客死他鄕) 거리 송장
선심으로 묻어주며 사고무친(四顧無親) 병든 사람
지성으로 구원하며 이런 공덕 갖춰 닦아
이 극락에 나왔노라

나는 과거 본행시에 십악오역(十惡五逆) 두루 짓고
무간지옥 가욜러니 임종시에 선우(善友) 만나
겨우 십념(十念) 염불하고 이 극락에 나왔노라
나는 과거 본행시에 삼악도중(三惡途中) 수고(受苦)러니
우리 효순(孝順) 권속(眷屬)들이 나를 위해 공덕 닦아
이 극락에 나왔노라

천차만별 본행사를 이와 같이 의논할 제
극락세계 공덕 장엄 무량겁(無量劫)을 헤아려도
불가사의 경계로다 어이 하여 그러한고
과거 구원(久遠) 무량겁에 유불(有佛) 출세하오시니
세자재왕(世自在王) 여래(如來)시라

그때에 전륜왕(轉輪王)은 그 이름이 교시가(憍尸迦)라
국왕위(國王位)를 버리시고
발심출가(發心出家) 비구되니 승명은 법장이라
세자재왕 여래 전에 사십팔원(四十八願) 세우시니
하늘에서 꽃비 오고 대지세계(大地世界) 진동(振動)이라

그 후로 무량겁을 난행(難行) 고행 다겁(多劫)하여
사십팔원(四十八願) 성취하자 극락세계 장엄하고
그 가운데 성도(成道)하니 우리 도사 아미타라

삼계 화택 친구들아 오욕락(五欲樂)만 탐착 말고
생사장야 꿈을 깨어 이 말씀을 결신(決信)하고
아미타불 대성호(大聖號)를 일심으로 되우시되
과거사도 분별 말고 미래사도 사량(思量) 말고
삼계 만법 온갖 것이 몽환인 줄 관찰하고
십이시중(十二時中) 주야 없이 어린 아해 젖 생각듯
역경계(逆境界)도 아미타불(阿彌陀佛)
순경계(順境界)도 아미타불(阿彌陀佛)
행주좌와(行住坐臥) 어묵동정(語默動靜)
일체시(一切時)와 일체처(一切處)에
일념미타(一念彌陀) 놓지 마오.

일구월심 오래 하면 허다정량(許多情量) 없어지고
염불삼매 성취하여 전후삼제(前後三際) 끊어지고

인아사상(人我四相) 무너지면 십만억토 극락세계
자심중(自心中)에 나타나고 만덕존상 아미타불
방촌중(方寸中)에 뵈오리니
자성 외에 극락 없고 극락 외에 자성 없네.
내 마음이 아미타(阿彌陀)요 아미타가 자성일세
시방세계 무변하나 나의 자성 편만(遍滿)하니
제불심도 편만하고 내지 육도(六道) 중생심도
낱낱 각각 편만하니 일(一)이로되 일(一) 아니오
다른 데도 불별일세 한 방안에 일천(一千) 등불
광명 각각 편만하되 서로 서로 걸림 없네.

이마전지(伊麼田地) 이르오면 사바극락 둘 아니요
범부 성인 따로 없어 처처극락 현전(現前)하고
염념미타(念念彌陀) 출세(出世)로다
이같은 수행인은 임명종시(臨命終時) 당하오면
팔만상호(八萬相好) 장엄하신 보신미타 영접하사
실보토(實報土)와 상적(常寂) 광토(光土) 상품연화
왕생하니 방가위지(方可謂之) 대장부(大丈夫)라

정토왕생(淨土往生) 하는 법이 한 가지로 정함 없네
근기(根氣)조차 무량하니 우리 극락 상선인(上善人)의
본행(本行) 말씀하신 중에 내 근기에 맞는 대로
수분(隨分)하여 수행하소
천파만류(千波萬流) 흐르는 물 한바다로 들어가고
만행중선(萬行衆善) 모든 공덕 동귀극락 정토일세
진실심(眞實心)만 판단하여 왕생하기 발원하면
임명종시(臨命終時) 죽을 때에 근기대로 왕생하되
상근기(上根氣)는 상품 가고 중근하근 되는 이는
장륙(丈六) 팔척 화신미타 각각 영접하오시되
방편토(方便土)와 동거토(同居土)에
중근인(中根人)은 중품(中品) 연화(蓮花)
하근인(下根人)은 하품(下品) 연화(蓮花)
나의 생전(生前) 닦은 대로 어김없이 왕생하네.

아미타불 영접하되 미타(彌陀) 실로 온 바 없고
나의 심식(心識) 왕생하되 나도 실로 간 바 없네
아니 가고 아니 와도 성범(聖凡)이 제회(齊會)하고

감응이 도교(道交)하여 영접하여 왕생하니
이 무슨 도리(道理)런고
청천(青天)에 밝은 달이 청강수(清江水)에 비쳤으나
달이 실로 온 바 없고 물도 실로 아니 가되
강수(江水)가 증청고(澄清故)로 밝은 달이 나타나네
만일 물이 흐르면 달그림자 없어지니
물의 청탁(清濁) 탓이언정 달은 본래 거래(去來) 없네
이도 또한 이 같아서 내 마음이 흐린 고로
불신을 못 보다가 임종(臨終) 실념 밝은 고로
불월(佛月)이 나타나니 내 마음이 청탁(清濁) 있지
불(佛)은 본래 거래 없네.

두 사람이 달을 보되 한 사람은 크게 보고
한 사람은 작게 보니 보는 안정(眼睛) 다름 있지
달은 본래 대소 없네
이도 또한 이 같아서 팔만 상호(相好) 보신불과
장륙팔척(丈六八尺) 화신불이 근기 따라 나타나니
중생지견 차별 있지 불(佛)은 본래 대소 없네.

하늘 사람 밥 먹을 제 보내 그릇 한 가지되
과거(過去) 복덕(福德) 지은 대로 음식 빛이 부동하니
이도 또한 이 같아서 극락세계 하나이나
사종정토(四種淨土) 구품연화 근기 좇아 각각 보네
정토업(淨土業)을 수행할 제 의심을 품고 하면
이 목숨 마친 후에 명부(冥府)에서 상관없고
미타(彌陀) 영접(迎接) 아니 하니 별로 갈 곳 없사오나
의성(疑城)이라 하는 곳에 연태중에 몸을 받아
오백세를 복락 받고 다시 정업(淨業) 닦은 후에
극락으로 왕생하니 필경에는 가더라도
오백세나 지체하여 아미타불 못 보오니
정토(淨土) 발원(發願)하는 사람 결정신심(決定信心)
일으켜서 의심(疑心)일랑 부디 마오.

만일 다시 분별하되 수행한 지 불구(不久)하여
원결보채(怨結報債) 많이 져서 벗어나기 어려우며
임종시에 아미타불 영접 아니 하실 테니
이 분별(分別)을 부디 마오.

정진수행(精進修行) 하더라도 이 분별이 장애되어
왕생 길을 막사오니 여하약하(如何若何) 묻지 말고
필경 왕생하올 줄로 결정신(決定信)을 일으킨 후
아미타불 한 생각을 단단적적(單單的的) 잡아들어
산란심(散亂心)이 동하거든 더욱 정신 가다듬소.

명주투어(明珠投於) 탁수하면 흐린 물이 맑아지고
불호투어(佛號投於) 난심하면 난심 즉시 불심일세
나의 화살 바로 가면 저 과녁을 못 맞힐까
보름달이 원만(圓滿)키는 초승달로 시작이요
천리원정(千里遠程) 득달함은 첫 걸음이 시작일세.

극락이 멀다 하나 나의 일념 진실하면
수인결과(修因結果)하는 날에 미타성존 아니 볼까
인생일세 믿음 없어 백년 광음(光陰) 몽중이라
달팽이 뿔 가관이나 무엇에 쓴단 말인가
부귀영화 좋다 하나 달팽이 뿔 다름없네.

새벽이슬 구슬 된들 얼마 오래 보존할고
인간 칠십 고래희(古來稀)라 새벽이슬 다름없네
칼끝에 묻은 꿀을 어린 아이 핥아먹다
혀를 필경 상하거니 지혜자(智慧者)야 돌아볼까.
맛은 좋고 죽는 음식 미련한 놈 먹고 죽지
지혜자야 그러할까 여보 오욕(五欲) 수락인(受樂人)들
죽는 음식 그만 먹고 생로병사 무서운 불
사면으로 불어오니 그 가운데 있지 말고
이 문으로 어서 나소

삼계 화택 내닫기는 정토문(淨土門)이 제일일세
고해중(苦海中)에 빠진 사람 이 배를 어서 타소
생사 바다 건너기는 미타선(彌陀船)이 제일일세
바다 보배 천 가지나 여의주가 으뜸이요
의약방문 만 품이나 무우산(無憂山)이 으뜸이요
팔만사천 방편문이 수확문문(雖曰門門) 가십이나
생사윤회 빨리 벗고 불법성(佛法城)에 바로감은
정토문이 으뜸일세.

제불보살 출세하사 천경만론(千經萬論) 이른 말씀
미타정토 칭찬하사 고구정령(苦口叮嚀) 권하시니
우리 범부 사람들이 성인 말씀 아니 듣고
뉘의 말을 신청(信聽)하며 극락정토 아니 가고
다시 어디 갈 곳 있나

오탁악세(五濁惡世) 나온 사람 과거 죄업 깊은 고로
이런 말씀 불신하여 비방하고 물러가니
불에 든 저 나비와 고치 짓는 저 누에를
그 누가 구제할까

정토 수행하는 사람 신구의(身口意)를 조섭(操攝)하여
십악업(十惡業)을 짓지 마소
과거 생사 무량겁에 육도사생(六道死生) 순환하니
여기 죽어 저기 날 때 부모 없이 났을런가
이로 좇아 생각건대 혈기 있는 준동(蠢動) 함령(含靈)
무비다생(無非多生) 부모로다

산목숨을 죽인 이는 살부살모(殺父殺母) 다름없네.
화엄경에 하신 말씀 혀기 있는 중생류(衆生類)가
필경 성불(成佛)한다 하니 살생하는 저 사람은
미래불(未來佛)을 죽임이라

호생오사(好生惡死) 하는 마음 나와 저와 일반인데
내 욕심을 채우려고 남의 목숨 죽이나니
형세강약 부동하여 죽인 바를 입사오나
맺고 맺는 원한심이 구천(九天)에 사무치네
생사고락 순환하니 타일 삼도(三度) 저 고통을
누가 대신 받아줄까.

검수도산 저 지옥에 근단골절(筋斷骨折) 몇 번이며
확탕노탄(鑊湯爐炭) 저 지옥에 혈육초간 수 있던가
지옥고를 마친 후에 피모대각(被毛戴角) 육축(六畜)되어
목숨 빚을 갚을 적에 나는 한 번 죽였건만
갚는 수는 무수하니 수원수구(誰怨誰咎) 한 을 할까
옛적에 한 엽사(獵師)가 다섯 사슴 눈을 뺀 후

지옥고를 갖춰 받고 인간의 사람 되어
오백겁(五百劫)을 눈 빼이니 인과보응 역력한데
어이 그리 불신하오

아무리 빈궁해도 도적질을 부디 마오
승야월장(乘夜越墻) 하는 것만 도적심이 아니오라
남의 재물 방편(方便)으로 비리횡취(非理橫取)하는 것이
백주대적(白晝大賊) 이 아닌가

저울 내고 되 말 넘은 공평하게 하자더니
주고받는 여수간(與受間)에 그 농간이 무수하니
야속할 사 인심이여 어이 하야 그러한고
부모자식 천륜이라 네 것 내 것 없건마는
옛적에 한 노모가 딸자식이 가난하여
백미 닷 되 둘러내어 아들 몰래 주었더니
모자 같이 죽어서는 큰 말 되고 새끼 되어
그 아들을 태웠으니 모자간도 저렇거든
남의 것을 의논할까

아무리 욕심나도 사음(邪淫)일랑 부디 마오
나의 처도 족하거든 남의 처첩(妻妾) 웬 말인고
옛적에 한 사람이 남의 첩을 간통할 제
본부(本夫) 볼까 두려워서 사면으로 살피더니
죽은 후에 아귀(餓鬼) 되어 기화(飢火)의 치성(熾盛)으로
오장육부 모두 타며 사면철봉(四面鐵鋒) 타살하니
괴롭고도 무섭도다

고인이 이르시되 구시화문(口是禍門)이라 하니
입으로 짓는 허물 모르는 결에 가장 많다
발설(拔舌) 지옥고(地獄苦)를 보소
혀를 빼어 밭을 가니 거짓말로 남 속일까
두 말 하여 이간하면 백설조가 이 아닌가
하물며 악담죄(惡談罪)는 그 중에 더 중(重)하니
옛적에 한 사람이 한 번 악담하온 죄로
백두어(百頭魚)가 되었어라

또 옛적에 한 여신은 지은 허물 변명코자
가지가지 악담하고 죽은 후에 아귀 되어
제 고기를 삶아내어 제가 도로 먹었으니
악담 부디 하지 마소 남을 향해 하는 악담
내가 도로 받느니라
하늘로 뱉은 침이 내 얼굴에 떨어지네

술을 부디 먹지 마소 술의 허물 무량하여
온갖 죄를 다 짓나니 술집 한 번 가리키고
오백 겁을 손 없거든 황어(況於) 친히 먹을쏜가
의적(儀狄)이 작주(作酒)어서 우 임금이 멀리 하고
나한(羅漢)이 대취하여 세존(世尊)이 꾸짖으니
술에 허물없을진대 성인이 금할쏜가

똥과 오줌 끓는 지옥 저 고통이 무서워라
부디 탐심(貪心) 내지 마소 살도음망(殺盜淫妄)
많은 죄를 탐심으로 모두 짓네
옛적에 한 남자는 재산탐착(財産貪着) 못 잊더니

죽은 후에 백구 되어 그 재물을 지켰으며
또 옛적에 한 사람은 황금칠병(黃金七甁) 두고 죽어
뱀의 몸 받았으니 그 아니 무서운가

부디 진심(瞋心) 내지 마소 진심 죄보(罪報) 무량하여
팔만 장문(障門) 싫어나네
예전에 홍도비구(弘道比丘) 다겁(多劫)을 공부하여
거의 성불(成佛) 가깝더니 한 번 진심 싫으키고
대망(大蟒)이 몸 받았으니 놀랍고도 두렵도다
만일 사견(邪見) 싫으켜서 선악인과 불신하면
무간지옥 들어가서 천불출세(千佛出世)하더라도
나올 기약 바이없네

고로 옛적 선성비구(善性比丘) 이십년을 시불하여
십이부경 통달하고 사선정(四禪定)을 얻었으나
악지식(惡智識)을 인연하여 인과를 불신타가
생함지옥(生含地獄) 하였으니 중생죄업 무량한 중
사견죄(邪見罪)가 제일일세

파 마늘을 먹지 마소 생으로는 진심 돕고
익힌 것은 음심(淫心) 돕네
담배 이름 다섯 가지 담악초며 분사초(焚蛇草)라
선신(善神)은 멀리 하고 악귀가 뒤좇으니
알고 차마 먹을쏜가
여시(如是) 죄목(罪目) 무수하여 이로 측량할 길 없네

화택중(火宅中)에 있는 중생 죄 안 진 이 뉘 있을까
과거부터 이 몸까지 지은 죄를 생각하면
한량없고 가이없네 죄가 형상(形狀) 있을진대
허공계(虛空界)를 다 채워도 남은 죄가 많으리니
이 죄업을 그저 두고 화택(火宅) 어찌 벗어나며
극락 어찌 왕생할까

우리 세존 대법왕이 죄악중생(罪惡衆生) 슬피 여겨
참회문을 세우시니 승속(僧俗) 남녀노소 없이
지은 죄를 생각하여 참회심(懺悔心)을 일으켜서
이참사참(理懺事懺) 두 가지로 삼보전에 참회하소

이참이라 하는 것은 죄의 자성(自性) 추구하되
두목(頭目) 수족 사대 색신 혈육피골 모든 중에
죄의 자성 어디 있나
육신 중에 없을진대 색성향미 외경계(外境界)에
죄의 자성 어디 있노

자세히 추구하되 내외에 없을진대
중간인들 있을손가 내외중간 모두 없어
죄성(罪性)이 공적(空寂)하다 죄성이 공적커니
죄상(罪相)인들 있을손가
내외자성(內外自性) 청정하여 본래 일물 걸림 없네
태허공(太虛空)에 새가 나니 새난 자취 어디 있나
자성허공(自性虛空) 청정하니 죄상 자취 있을손가

담담허공(淡淡虛空) 바람 일어 천파만랑 도도터니
바람 하나 그친 후에 천파만랑 간 데 없네
나의 자성 바다 중에 현전(現前) 일념 허망하여
죄구파랑(罪垢波浪) 분분터니 현전 일념 진실하니
무한죄구(無限罪垢) 간 데 없네

이(理)는 실로 이러하나 사상(事相)으론 불연(不然)하다
꿈이 비록 허망하나 흉몽에는 흉사(凶事) 있고
길몽에는 길사(吉事) 보니 꿈이 일향(一向) 허망할까
죄가 비록 허망하나 후세업보(後世業報) 분명하니
삼보(三寶) 신력(信力) 아니시면 죄를 어찌 소멸할꼬

아등도사 아미타불 사십팔원(四十八願) 하온 말씀
내지 십악 오역인(五逆人)이 임종시에 이르러서
지옥악상(地獄惡相) 나타나되 내 명호(名號)를 지성으로
열 번만 일컬어도 염불소리 한마디에
팔십억겁 생사죄(生死罪)가 춘설같이 녹아지고
하품왕생(下品往生)한다 하니 대의재(大矣哉)라
아미타(阿彌陀)여 고해보벌(苦海寶筏) 아니신가

누천년을 기른 수풀 일성화(一星火)로 사르오며
천년 암실 어두움을 한 등불로 파했어라
아미타불 한 소리에 천마외도(天魔外道) 공포하고
도산검수(刀山劍樹) 부서지니 과연 삼계도사로다

정토법문 심신(深信)하여 극락 가기 발원하면
염라대왕 문서 중에 나의 성명 에워내고
극락세계 칠보(七寶) 못에 연(蓮)봉 하나 솟아나서
내 성명을 표제(標題)하고 나의 수행 하는 대로
연화점점 자라다가 안광낙지(眼光落地) 하온 후에
그 연대에 나타나니 지금 염불하는 사람
비록 인간 있사오나 벌써 극락 백성이라
동방세계 약사여래 팔보살(八菩薩)을 보내시고
서방세계 아미타불 스물다섯 대보살로
이 사람을 호위하며 시방제불 호렴(護念)하고
천룡귀신(天龍鬼神) 공경하니 천상 인간 세계 중에
최존최귀(最尊最貴) 제일일세

만일 도로 퇴전(退轉)하면 그 연화(蓮花)가 마른다니
생사윤회 차치하고 연꽃 아니 아까운가
여보 염불 벗님네야 부디부디 퇴전(退轉) 마오
도도한 동류수(東流水)는 창해 바다 가기 전에
쉬는 일이 잠깐 없네

최존최귀 사람 되어 무정수(無情水)만 못할쏜가
투석낙정(投石落井) 거동 보소 중간에서 안 그치네
한번 시작하는 일을 성취 전에 그칠쏜가
남염부제(南閻浮提) 나온 사람 심성이 무정하여
아침나절 믿다가 저녁나절 퇴전(退轉)하며
섬사 오래 믿어도 결정신근(決定信根) 전혀 없어
목전(目前) 경계(境界) 보는 대로 다른 소원 무수하니
불쌍하고 가련하다
만당처자(滿堂妻子) 애착하고 금은옥백 탐심 두니
목숨 마쳐 돌아갈 제 어느 처자 따라오며
금은 가져 노자(路資)할까

생사 광야 험한 길에 나의 고혼(孤魂) 홀로 가니
선심공덕 없으면 삼악도(三惡道) 깊은 구렁
살같이 들어가네
또 다시 어떤 사람 평시에는 염불타가
병이 들면 아주 잊고 아픈 것만 싫어하며
살기로만 바라다가 생사노두(生死路頭) 걸쳐 있어

삼백육십 뼈마디를 바람칼로 에워내니
수망각란(手忙脚亂) 손발 젓고 출입식이 요요하여
닦은 정신 벌써 낡아 명도 귀계 던진 후에
임종 염불하여 주니 무슨 효험 있을쏜가

도적 간 후 문 닫치고 무엇을 잡으려나
생전 약간 염불 공덕 악업담자(樂業擔子) 못 이겨서
수업승침(隨業昇沈) 윤회하네
평시에 병법 익혀 난시에 쓰잤더니
적진 보고 퇴쟁 치니 평시적공(平時積功) 쓸데없네
생전에 염불하여 임종에 쓰잤더니
정념을 미실(迷失)하고 사마(邪魔)에 순종하니
일생 염불 와해(瓦解)로다
여보 염불 벗님네여 이 말씀을 신청(信聽)하오
병고(病苦) 만일 침노커든 생사무상 가끔 깨쳐
살기도 탐착 말고 죽음도 두려워 말고
이 세계를 싫어하며 극락 가기 생각하며
이 몸이 허환(虛幻)하여 괴로움이 무량하니

연화대중(蓮花臺中) 어서 가기 일심으로 기다리되
천리타향 십년 만에 고향으로 가는 듯이
부모 잃고 개걸(丐乞)타가 부모 찾아 가는 듯이
만덕홍명(萬德洪名) 아미타불 지성으로 생각하며
술과 고기 드는 약은 부디부디 먹지 말며
문병인과 시병인(侍病人)과 집안권속 당부하되
내 앞에서 객담 말고 부드러운 애정으로
낙루하여 위로 말며 가사 범백(凡百) 묻지 말고
일심으로 염불하여 나의 정념 도와주며
내가 만일 혼미(昏迷)커든 가끔 깨쳐 권념(權念)하며
임종시가 당하거든 서향하여 뉘어두고
일시조념(一時助念) 염불하며 임종한 지 오랜 후에
곡성을 내게 하소
이같이 임종하면 평시 염불 않더라도
즉지서방(卽至西方) 하거니와
황어염불(況於念佛) 하는 사람
다시 무슨 의심할까 병이 비록 중하여도
귀신에게 빌지 마소

수요(壽夭) 장단(長短) 정한 것을 적은 귀신 어이할까
부처님이 방광(放光)하니 방광 이름 견불(見佛)이라
임종인(臨終人)을 권념(勸念)하고 이 광명을 얻었으니
사람 짐승 물론하고 죽는 자를 만나거든
부디 염불하여 주소

여보 효순 권속들아 혼정신성(昏定晨省) 하온 후와
감지지공(甘旨之供) 받든 후에 염불 법문 봉권하소
생전에만 효순하고 사후고락(死後苦樂) 모르오면
지극효심(至極孝心) 어디 있소
부모님의 죄 되는 일 호읍수지(呼揖隨之) 간하옵고
모든 선근(善根) 되는 일은 지성으로 권한 후에
부모 평생 지은 공덕 낱낱이 기록하여
병환이 계시거든 시탕(侍湯)하는 여가(餘暇) 타서
염불로 권념(勸念)하며 닦으신 선근공덕(善根功德)
자세히 알려드려 정념(正念)을 격발(激發)하여
임종까지 이려하면 바로 극락 가시나니
남의 자식 되는 사람 이 말씀을 잊지 마소

우리 세존 석가님도 정반부왕(淨飯父王) 권한 말씀
아미타불 염불하여 극락으로 인도하며
중화국에 장로선사(長蘆禪師) 어머니를 출가시켜
염불법문 권하올 제 권화문(勸化門)을 지었으되
세출세간(世出世間) 두 효도를 갖춰 말씀하셨으니
우리 불조(佛祖) 효행대로 일체인(一切人)이 본받으소

무병인이 염불함에 다병(多病)하다 비방마오
전세(前世) 죄업 중한 고로 사후지옥 가올 것을
즉금 염불 공덕으로 지옥 죄를 소멸하고
가볍게 받음일세
장병(長病) 있던 풍부인은 염불하고 병 나으며
눈 어두운 양씨 여는 염불하고 눈 떴으니
나의 정성 지극하면 이런 효험 아니 볼까

염불 비방하는 사람 부귀창성(富貴昌盛) 한다 마소
전세에 종복(種福)하고 즉금 부귀 받거니와
금세 비방하온 죄는 후세 필경 받느니라

농사법을 살펴보소 팥 심으면 팥이 나고
콩 심으면 콩이 나네
지금 어떤 미련한 놈 가시나무 심어 두고
벼 피기를 기다리나 사람의 몸 받아나기
맹귀우목(盲龜遇木) 어려우며 불법 난봉 희유함이
우담화(優曇華)에 지나거늘 다행하다 우리 사람
숙세(宿世) 무슨 선근(善根)으로 사람 몸을 받았으며
불법(佛法)까지 만났는고
이런 불법 만났을 때 듣고 아니 하는 이는
불보살의 자비신들 그를 어찌 제도할까

백년을 지낸 후에 정명일세(定命一歲) 감하리니
백년만큼 감하여서 삼십정명(三十定命) 되올 때에
기근겁(饑饉劫)이 일어나니 일체 곡식 모두 없고
인상식(人相食)을 서로 하여 칠년 칠월 이러하니
사람 인류 거의 없네

이십정명(二十定命) 되올 때에 질병겁이 일어나니

맹화(猛火)같은 독한 병이 번천하에 두루 하여
칠월 칠식 지내도록 만나는 자 즉사하니
남은 사람 얼마신가
십세정명 되올 때에 도병겁(刀兵劫)이 일어나니
사람마다 악심 내어 초목 와석(瓦石) 잡는 대로
창검이 서로 되어 부모자식 상살(相殺)하니
온 세계에 죽음이라 칠식을 지낸 후에
몇 사람이 남았던고 이것이 소삼재(小三災)라

인수(人壽) 팔만 사천세가 십세정명 이르오면
이것은 감겁(減劫)이오
다시 백년 지낸 후에 정명일세(定命一歲) 더하옵고
이같이 점증하여 도로 팔만 사천되면
이것은 증겁(增劫)이라
이십증감(二十增減) 지낸 후에 칠식이 병출하여
사바세계 백억계(百億界)가 일시에 불이 되어
높은 산과 깊은 바다 욕계천과 색계 초선(初禪)
낱낱이 재가 되니 그 다음에 비가 내려

초선까지 물이 차서 이선천(二禪天)이 무너지네
또 다시 태풍 불어 삼선천(三禪天)이 무너지니
이것은 대삼재(大三災)라 이 세계 생긴 후에
팔증감(八增減)은 이과(已過)하되 부처님은 아니 나고
지금 제구(第九) 감겁(減劫)이라

인수정명 육만 시에 구류손불(拘留孫佛) 출세하고
인수정명 사만 시에 구나함불(拘那含佛) 출현하고
인수정명 이만 시에 가섭불(迦葉佛)이 출세하고
우리 세존 석가여래 대자대비 증승하사
인수백세 정명 시에 가비라국(伽毘羅國) 출현하니
그믐칠야 어두운 밤 추공만월(秋空滿月) 돋으신 듯
칠년대한(七年大旱) 가뭄 때에 감로세우 내리신 듯
삼백여회 설법하여 도탈중생(度脫衆生) 하옵시고
칠십구년 주세 하사 이락군품(利樂群品) 하온 후에
사라쌍수(沙羅雙樹) 열반하니
혼구장야(昏衢長夜) 다시 되네

불신(佛身)은 상주하사 본래생멸(本來生滅) 없건마는
중생 근기(根器) 차별 있어 생도 보고 멸(滅)도 보네
정법상법(正法像法) 이천년은 벌써 이미 다 지나고
계법만년(季法萬年) 움켜잡아 팔백여세 이과(已過)하고
즉금 칠십 정명이라 사천년을 또 지내어
삼십정명 돌아오면 남염부제(南閣浮提) 있는 나라
십만 오백 십육국에 소삼재가 일 것이니
염불 않고 노는 사람 설경 악도(惡途) 아니 가고
세세생생(世世生生) 사람 된들 저 삼재를 어이 할꼬

저 때 중생 박복하여 불법이 없건마는
오직 정토(淨土) 미타경이 백년을 더 머물러
접인중생(接引衆生) 하신다니
광대하다 미타원력 무엇으로 비유할꼬.

고신이 이르시되 오탁(五濁)이 등극하여
삼재겁(三災劫)이 가까우니 미타 원력 아니시면

사앙사고(斯殃斯苦) 난탈(難脫)이라 이같이 일렀으니
공포심을 어서 내어 부지런히 염불하소
근래 어떤 공부인(工夫人)이 극락 미타 따로 없어
내 마음이 극락이요 자성(自性) 미타라고
아만심이 공고하여 정토법(淨土法)을 멸시하니
박복(薄福) 다장(多障)한 탓이라 무엇 의논 할 것 없네

내 마음이 부처인들 탐진 번뇌 구족(具足)하니
제불(諸佛) 만덕(萬德) 어디 있나 청산속이 보배인들
그저 두어 쓸데 있나 양장(良匠)이 얻어다가
탁마하여 만든 후에 온윤지덕(溫潤之德) 나타나서
천하 보기(寶器) 성취하니 자성불도 이 같아서
번뇌 무명(無明) 어디 쓸고 미타양장 친견하고
만행으로 탁마하여 번뇌 티끌 제거하고
항사성덕(恒沙性德) 나타나면 자성불이 이 아닌가
자성불에 착한 사람 인적위자(認賊爲子) 부디 마오
사바세계 청정함이 자재천궁(自在天宮) 같은 것을
나계범왕 홀로 보고 대지 상덕(上德) 사리불도

토석(土石)으로 보았으니 황어(況於) 우리 구박(具縛) 범부
임종일념 실수하면 삼악도(三惡途)에 포복(匍匐)하니
자성극락(自性極樂) 믿을손가.

아만심이 공고하고 하열심(下劣心)이 비루고(卑陋故)로
높은 산과 낮은 구릉 험한 세계 낳거니와
내 마음이 평등하여 불지혜(佛智慧)를 의지하면
정토왕생 하옵나니 자성극락(自性極樂) 착한 사람
집석위보(執石爲寶) 부디 마오

거룩하다 정토법문 시방제불(十方諸佛) 칭찬하고
항사보살(恒沙菩薩) 왕생하네
화엄경과 법화경은 일대 시교(時敎) 시종(始終)이라
무상대도(無上大道) 법이건만 극락왕생 칭찬하며
마명보살 용수보살 제불화신(諸佛化身) 강적하사
정법안장(正法眼藏) 친전하되 권생극락 깊이 하며
진나라 혜원법사 반야경(般若經)을 들으시다
활연대오(豁然大悟) 하시고도 광려산에 결사하사

삼칠일을 정에 들어 미타성상(彌陀聖像) 친견하고
극락으로 바로 가며 천태산 지자대사(智者大師)
법화삼매(法華三昧) 증득하사 영산회상 친견하고
삼관(三觀)을 원수하여 상품 왕생하셨으며
해동 신라 의상법사(義湘法師) 계행(戒行)이 청정하사
천공(天供)을 받사오니 정토발원(淨土發願) 견고하여
좌필서향(坐必西向) 하시었고 서역 동토 현철(賢哲)들이
고금 왕생 무수하니 누가 감히 입을 벌려
정토법문(淨土法門) 폄담(貶談)하리

소장왕과 흥종 황제 만기 여가(餘暇) 염불하고
왕생발원 깊이 하며 장한과 왕시랑은
공명이 현달하여 환해(宦海)에 처하여도
왕생법(往生法)을 닦았으며
유유민(劉遺民)과 주속지(周續之)는 처자소욕 다 버리고
백련결사 참례하여 두적산문(杜跡山門) 염불하며
도연명 이태백과 백락천 소동파는
만고문장(萬古文章) 명현(名賢)이라

필봉이 늠름하여 귀신을 울렸으되
미타공덕(彌陀功德) 찬탄하고 왕생하기 발원하며
당나라에 정진이와 송나라에 도환이는
비구니의 몸으로서 염불하고 왕생하며
수문후와 진황 부인 비록 재가 여신이나
여신보(女身報)를 싫어하여 지성으로 염불하고
연태중(蓮胎中)에 남자 됐고
파계 비구 웅준이와 도우(屠牛) 탄이 장선화(張善和)는
생전 죄악 많은 고로 지옥고(地獄苦)가 현저(顯著)러니
임종 익념 회심하고 연태중(蓮臺中)에 바로 가며
풍기 땅에 아간(阿干) 비자(婢子) 삼생전에 출가하여
건봉사 만일회(萬一會)에 벌좌하다 득죄하고
순흥 땅에 암소 되어 그 죄를 속한 후에
삼생 만에 비자(婢子)되어 미타도량 공급하고
육신 등공(登空) 왕생하니 고왕금래 살피건대
승속 남녀 현우(賢愚) 귀천 내지 죄악 범부까지
다만 발심 염불하면 아니 갈 이 뉘 있는가

만경창파 넓은 바다 칠백 유순(由旬) 마갈어와
작은 고기 곤장이가 한 가지로 인린(鱗鱗)한데
월장경(月藏經)에 하온 말씀 말세 중생 억억인이
계행수도(戒行修道) 하더라도 득도할 이 아주 적고
염불하여 구생하면 만불누실 한댔으니
사자왕의 결정설이 거짓말로 남 속일까

연비연동(「飛」動) 미물들도 교화(教化) 은혜 입는데
만물지중 사람 되어 성인교화(聖人教化) 못 입을까
자맥성변(紫陌城邊) 양류안에 화류하는 소년들아
춘흥이 낙지라도 꽃을 부디 꺾지 마소
그 꽃 밑에 독사 있어 손상할까 무서워라
무정지물(無情之物) 국화꽃도 봄 나비를 싫어하여
상강시(霜降時)에 숨어 피니
행화촌(杏花村) 여자들아 봄꽃 되기 좋아 마소

적막공산(寂寞空山) 새벽달에 슬피 우는 두견새는
소리마다 불여귀(不如歸)라

망망한 성색도중 사부도서(捨父逃逝) 공자들아
돌아갈 길 왜 모르나
석양(夕陽) 산로(山路) 저문 날에 천지 일월 무색하다

오호라 슬프도다 만고(萬古) 호걸 남아들아
장생불사 하자더니 어젯날 거마객(車馬客)이
오늘 황천(黃泉) 고혼(孤魂)일세 잠을 깨소 잠을 깨소
생사장야(生死長夜) 잠을 깨소

조개도 잠든 지가 천년 되면 깬다는데
몇 부처님 출세토록 어이 여태 아니 깨소
대법고(大法鼓)를 크게 치고 생사옥문 열었으니
갇힌 사람 어서 나소 문을 열어 안 나오면
그 사람은 할 길 없네
대비선(大悲船)을 크게 모아 차안중생 제도하니
뱃삯 없는 행인들아 어서 타고 건너가세
대비 선을 아니 타면 그 사람은 할 길 없네
보원침익(普願沈溺) 제중생은 유심정토 어서 가서

자성미타 친견하고 환망진구(幻妄塵垢) 모든 때를
공덕수에 목욕하고 탐진 열뇌(熱惱) 더운 것을
보수음(寶樹陰)에 휴헐하고 아귀도중 주린 배를
선열식(禪悅食)에 포만하고 지옥도중 마른 목을
법희수에 해갈하고 곡향 같은 설법성(說法聲)에
여환삼매(如幻三昧) 증득하고 공화 만행 수습하며
수월도량 산좌하여 경상 천마 항복 받고
몽중 불과 성취 후에 구화방편(漚和方便) 시설하여
환화중생(幻化衆生) 제도하고 법성토 넓은 땅에
임운등등 등등임운 무위진락(無爲眞樂) 수용하세

나무아미타불(南無阿彌陀佛)
나무관세음보살(南無觀世音菩薩)
나무아미타불(南無阿彌陀佛)
나무관세음보살(南無觀世音菩薩)
나무아미타불(南無阿彌陀佛)
나무관세음보살(南無觀世音菩薩)

〈해설〉

「권왕가」는 승려 동화(東化, 일명 東華)가 지은 연대 미상의 불교가사로 『석문의범(釋門儀範)』에 실려 있다.

2음보 1행으로 헤아려 1200행이나 되는 장편가사로 국한문혼용체이다. 주제는 중생들이 보고 아는 것이 서로 차별화되어 있기에 미타불을 염송해 극락으로 왕생하라고 권한다.

중생이 사는 세상이 모두 불타는 집과 같아 거기서 벗어나려면 세존대법왕(世尊大法王)의 방편으로 구원받아야 하고, 아미타불을 염불한 공덕으로 극락세계에 들어간 이들의 예를 들어 일상생활에 조심해 죄업을 짓지 말라고 한다.

중국에서 예로부터 좋은 공덕을 쌓은 이들을 열거하고, 『화엄경』과 『법화경』의 가르침대로 수행하여 법성토(法性土)에서 참다운 즐거움을 누리자고 설파한다.

다른 불교가사에 비해 많은 예를 들어가며 불교에 정진하기를 권하고 있는 것이 특징이다.

원적가
圓寂歌

나는 가네 나는 가네 오던 길로 나는 가네
오던 길이 어디메뇨 열반피안(涅槃彼岸) 거기런가
나 간다고 섭섭 말고 살았다고 좋아 마소
만고제왕 후비(后妃)들도 영영이 길 가고 마네
이 산(山) 저 산(山) 피는 꽃은 봄이 오면 싹이 트나
이 곡 저 곡 장류수(長流水)는 한번 가면 다시 올까
저 봉(峰) 넘어 떴던 구름 종적(蹤跡)조차 볼 수 없네
공산야월(空山夜月) 두견조는 낙과 같은 한 식런가
부귀영화 받던 복락(福樂) 오늘낙도 가이없네
실상없이 살던 몸이 이제 다시 허망하다
몽중 같은 이 세상에 초로인생(草露人生) 들어보소
인간칠십 고래희(古來稀)는 고인 먼저 일렀어라
진실사업 하던 사람 죽는 낙도 아니 죽네

생각대로 못한 한은 태평 바다 눈물신가
영멸이냐 환생이냐 무거무래(無去無來) 참말이다
무상이냐 생멸이냐 부생부멸(不生不滅) 현전이다
천당인가 극락신가 열산고해(熱山苦海) 기중이다
천지소멸 될지라도 일단고명(一段孤明) 역력하다
연화대(蓮花臺)로 간다더니 화장장이 웬일신가
명당 찾아간다더니 공동묘지 기중(其中)신가
악심독심 모진 사람 날 보아서 해방하소
탐욕심이 많은 사람 날 보아서 그만 두소
이기생활 하는 사람 날 보아서 조심하소
상애심(相愛心)이 적은 사람 날 보아서 동정하소
아만심이 많은 사람 날 보아서 개량(改良)하소
무상심이 없는 사람 날 보아서 발심(發心)하소
명리장(名利場)에 해댄 사람 날 보아서 자각(自覺)하소
주색계에 부랑자는 날 보아서 회심(回心)하소
의식(衣食)으로 구속 된 자 날 보아서 심득(心得)하소
구식(舊式)으로 굳은 사람 날 보아서 혁신하소
신식(新式)으로 밝은 사람 날 보아서 사기 마소

종교심이 없는 사람 날 보아서 발신(發信)하소
장부심(丈夫心)이 없는 사람 날 보아서 용단하소
사회심이 없는 사람 날 보아서 단결(團結)하소
공덕심이 없는 사람 날 보아서 양성(養成)하소
노예심이 많은 사람 날 보아서 독립하소
자비심이 없는 사람 날 보아서 향상하소
무상(無常)인지 진상(眞常)인지 생로병사 그뿐이다
과거 던가 미래 던가 다 못 현재 일념(一念)이다
열반노두(涅槃路頭) 어디런가 어묵동정 의심 마소
가가문호 몰랐더니 다시 보니 장안(長安)이다
본지풍광(本地風光) 누가 몰라 청풍명월 다름없다
금일면목(今日面目) 누가 몰라 청산유수 어디 없어
생사대사(生死大事) 깨친 사람 고금천하 몇몇인가
깨치거든 일러 주소 구전심수(口傳心授) 할 길 없어
애고대고 울음소리 울음소리 애고대고
나무영산회상 불보살
나무영산회상 불보살
나무영산회상 불보살

〈해설〉

근대 초기에 학명선사(鶴鳴禪師)가 지은 불교가사이다.

일명 '열반가(涅槃歌)'라고도 한다. 모두 92구로 작자의 문집인『백농유고(白農遺稿)』에 전하며,『불교(佛教)』제63호에는 같은 내용이 94구로 실려 있다.

내용은 꿈속 같은 이 세상에서 진실사업을 하던 사람은 죽어도 아니 죽는 것임을 말하고, 생시에 자각하여 지성으로 불도를 닦으며 살고 죽는 큰일을 깨달은 이는 입으로 전하고 마음으로 가르치라고 권면(勸勉)하는 것이다.

특히, 가사 중 "사회심이 없는 사람 날 보아서 단결하고, 공덕심이 없는 사람 날 보아서 양성하소. 노예심이 많은 사람 날 도와서 독립하소." 등의 어구는 지은이가 말년에 일제 치하에서 살면서 우리 민족을 깨우치려는 정성의 발로라고 볼 수 있다.

의상조사 법성게

둥글고 오묘한 법 진리의 모습이여
고요히 동작 없는 삼라의 바탕이여
이름도 꼴도 없고 실체가 다 없으니
아는 이 성인이고 범부는 왜 모르나

묘하고 깊고 깊은 현묘한 진성이여
제자리 벗어난 듯 세계를 나툼이여
하나에 모두 있고 많은 데 하나 있어
하나 곧 전체이고 전체 곧 개체이니.

한 티끌 작은 속에 세계를 머금었고
낱낱의 티끌마다 우주가 다 들었네.
한없는 긴 시간이 한 생각 일념이고
찰나의 한 생각이 무량한 긴 겁이니.
삼세와 구세 십세가 엉킨 듯 한 덩인 듯

그러나 따로따로 뚜렷한 만상이여
첫 발심했을 때가 부처를 이룬 때고
생사와 열반경계 함께한 한 몸이니.

있는 듯 이사분별 출연히 없는 그곳
자나불 보현네의 부사의 경계로세.
부처님 해인삼매 그 속에 나툼이여
쏟아진 여의진주 그 속의 부사이여.

허공을 메워오는 법비는 거룩했네
저마다 중생들로 온갖 섭 갖게 하고
행자가 고향으로 깨달아 돌아가면
망상을 안 쉬려도 안 쉬길 바이없네.

무연의 방편으로 여의보 찾았으니
자기의 생각대로 재산이 풍족하네
끝없이 쓰고 쓰는 다라니 무진보로
불국토 법왕궁을 여실히 꾸미소서

중도의 해탈좌에 편안히 앉았으니
예부터 동함 없어 이름이 부처일세.

[해설]

『법성게』는 신라 의상(625-702) 스님이 지은 게송으로 『화엄경』의 핵심 내용을 가장 간결하게 요약하고 있다는 평가를 받는다.

육조 혜능(638-713) 스님이 본격적으로 조사선의 법을 펴기도 전에 의상 스님이 먼저 이와 같은 역작을 남기셨다는 것은 참으로 놀라운 일이다.

멍텅구리

멍텅구리 멍텅구리
모두 모두가 멍텅구리

온 곳을 모르는 그 인간이
간 곳을 어떻게 안단 말가.
온 곳도 갈 곳도 모르누나
그것도 저것도 멍텅구리 멍텅구리

올 때는 빈손으로 왔으면서
갈 때는 무엇을 가져갈까.
공연한 탐욕을 부리누나
그것도 저것도 멍텅구리 멍텅구리

백년도 못 사는 그 인생이
천만년 죽지 않을 것처럼
끝없는 걱정을 하는구나
그것도 저것도 멍텅구리 멍텅구리

세상에 학자라 하는 이들
동서의 모든 걸 안다 하네
자기가 자기를 모르누나
그것도 저것도 멍텅구리 멍텅구리

멍텅구리 멍텅구리
모두 모두가 멍텅구리 멍텅구리

진공묘유 못 간 그 인생이
어떻게 영생을 말하는가
끝없는 윤회만 하는구나
모두 모두가 멍텅구리

[해설]

위의 「멍텅구리」는 노래 가사처럼 지어진 말인데, 통도사 극락암 호국선원에 주석하시던 경봉(鏡峰: 1892~1982) 스님께서 살아생전에 하시던 법문 구절이다.

다분히 풍류적으로 읊어진 이 말은 참된 자기를 찾는 참선 수행을 은근히 권하면서 세속 사람들의 어리석음을 '멍텅구리'라 표현하여 풍자하는 말이다.

어리석어 정신이 흐릿하여 사리를 올바르게 판단하지 못하는 사람을 일컫는 말이 멍텅구리다. 곧 바보라는 말과 같은데 큰스님은 생전에 한자로 '멍텅구리'를 명통구리(明通求利)라 쓰기도 했다. '이익을 구하는 데만 밝게 통해 있다'는 말이다.

10 법구경(法句經) 이십육송

마음은 모든 일의 근본이 된다
마음은 주가 되어 모든 일을 시키나니
마음속에 착한 일 생각하면
그 말과 행동도 또한 그러하리라
그 때문에 즐거움이 그를 따르리
마치 형체를 따르는 그림자처럼

바른 생각 항상 일으켜
깨끗한 행동으로 악을 멸하고
스스로 억제하여 법대로 살면
그 사람의 이름은 날로 자란다

마음은 고요히 머물지 않고
끊임없이 변화해 끝이 없나니

이것을 어진 이는 깨달아 알고
악을 돌이켜 복을 만든다

사랑스런 예쁜 꽃이
빛깔도 곱고 향기가 있듯
아름다운 말을 바르게 행하면
반드시 그 결과 복이 있나니

잠 못 드는 사람에게 밤은 길어라
피곤한 사람에게 길은 멀어라
바른 법을 모르는 어리석은 사람에게
아 아 생사의 밤길은 길고 멀어라

깊은 못은 맑고 고요해
물결에 흐르지 않는 것처럼
지혜 있는 사람은 도를 들어
그 마음 즐겁고 편안하여라

땅과 같아서 다투지 않고
산과 같아서 움직이지 않으며
진흙이 없는 못과 같아서
이 참사람(아라한)에게는 생사가 없다

비록 사람이 백년을 살아도
계를 버리어 어지러이 날뛰면
하루를 살아도 계를 갖추어
고요히 생각함만 같지 못하다

그것은 재앙이 없을 것이라 해서
조그마한 악이라도 가벼이 말라
한방울 물은 비록 작아도
점점 큰 병을 채우나니
이 세상의 그 큰 죄악도
작은 악이 쌓여서 이룬 것이니라

모든 생명은 채찍을 두려워한다
모든 생명은 죽음을 무서워한다
자기 생명에 이것을 견주어
남을 죽이거나 죽이게 하지 말라

호화롭던 임금의 수레도 부서지듯
우리 몸도 늙으면 형체가 썩는다
오직 착한 덕만이 괴로움을 면하나니
이것은 어진 이들 하신 말씀이다

악한 일은 자기를 괴롭게 한다
그러나 그것은 행하기 쉽다
착한 일은 자기를 편하게 한다
그러나 그것은 행하기 어렵다

게으르지 말고 힘차게 일어나라
좋은 법을 따라 즐거이 나아가라
좋은 법을 따르면 편안히 잔다

금생에서도 또 후생에서도
진리를 보아 마음이 깨끗하고
생사의 깊은 바다 이미 건너서
부처님 나셔서 세상을 비추심은
중생의 모든 고통 건지시기 위함이다

승리는 원한을 가져오고
패한 사람은 괴로워 누워 있다
이기고 지는 마음 모두 떠나서
다툼이 없으면 스스로 편하다

사랑하는 사람을 가지지 말라
미워하는 사람도 가지지 말라
사랑하는 사람은 못 만나 괴롭고
미워하는 사람은 만나서 괴롭다

욕됨을 참아서 성냄을 니기고
착함으로써 악을 이겨라

보시를 행함으로써 인색을 이기고
진실로써 거짓을 이겨라
은혜도 모르고 부끄럼도 없이
못된 성질로 교만스럽게
염치없이 덕을 버린 사람은 생활은 쉽다
그러나 더러운 생활이다

항상 사랑으로 남을 이끌고
바른 마음으로 법답게 행동하며
정의를 지키고 지혜로운 사람
이것을 도에 사는 사람이라 부른다

떨쳐 일어날 때에 일어나지 않고
젊음을 믿어 힘쓰지 않으며
마음이 약하고 인형처럼 게으르면
그는 언제나 어둠 속을 헤매리라
남에게 수고와 괴로움을 끼쳐
거기서 내 공을 얻으려 하면

그 재앙은 내게로 돌아와
원망과 미움은 끝이 없을 것이다

해서 안 될 일은 행하지 말라
한 뒤에는 번민이 있나니
해야 할 일은 항상 행하라
가는 곳마다 뉘우침 없다

전장에 나가 싸우는 코끼리가
화살을 맞아도 참는 것처럼
나도 세상의 헐뜯음을 참으며
항상 정성으로 남을 구하자

애욕을 떠나 두려움 없고
마음속에 걱정이나 근심 없으며
번뇌의 속박을 풀어 버리면
생사의 바다를 길이 떠나리라

세상 모든 것 헛된 것이라
구태여 가지려 허덕이지 않고
싫었다 하여 번민도 않는 사람
그야말로 참으로 비구이니라

사랑과 미움의 흐름을 끊고
미혹의 그물과 자물쇠를 벗어나
어둠의 장벽을 허물어뜨린 사람
그를 바로 사문이라 한다

[해설]

『법구경(法句經)』은 인도의 승려 법구(法救)가 인생에 지침이 될 만큼 좋은 시구(詩句)들을 모아 엮은 경전이다. 산스크리트어 udna 경전의 서술 형식에서 질문자 없이 부처 스스로 설한 법문이다.

초기 불교의 교단에서 전해지던 게송들을 모아 주제별로 분류해 엮은 경이다. 39품으로 나뉘어 있고, 불교의 핵심을 758개의 간결한 게

송에 집약시켜 놓았다.

남방상좌부(南方上座部)의 경장(經藏)에 포함된 원시 경전 가운데 하나이다. 후대의 대승 경전에서도 그 유례를 찾기 힘들 만큼 명쾌한 구성과 해학이 섞인 법문(法門)으로 진리의 세계, 부처님의 경지를 설파하고 있다. 특히 내용도 실생활과 밀접한 관계를 한 것이 재미있다.

경전의 성립사적(成立史的)인 측면에서 보면 『출요경(出曜經)』 『법집요송경(法集要頌經)』 등과 같은 계통으로 많은 비유와 암시로 불법을 홍포(弘布)하는 비유 문학적인 경전이다.

팔리어(語) 원문 『Dhammapda』가 현존하고 있으며, 동본이기(同本異記)로는 법거(法炬)·법립(法立) 공역의 4권으로 된 『법구비유경(法句譬喩經)』이 있다. 비록 말은 짧고 표현도 소박하지만, 구구절절이 경구(警句)로 된 감로(甘露)의 법서(法書)이다.

한역(漢譯)으로 전하는 것은 오(吳)나라 유기난(維祇難) 등이 번역한 39품(品)으로 된 책이 있다. 이를 『법구집경(法句集經)』, 『담발게(曇鉢偈)』라고도 한다.

오늘날 특히 널리 알려진 것은 서양인들이 처음 설립한 '아세아학회'가 19세기 말부터 많이 영역(英譯)했기 때문이다. 이 중 가장 오래된 것은 M. 뮐러의 『담마파사』로 1881년 출간됐다.

발심 수행장
(發心修行章)

대저 모든 부처님과 부처님이 적멸궁을 장엄하심은
저 많은 세월을 두고 욕심을 버리고 고행하신 공덕이요
중생들이 불집의 고해 속에 드나듦은
저 많은 윤회 속에 탐욕을 버리지 못함이니라

막지 않는 극락에 가는 이가 적음은
삼독의 번뇌로써 집안의 보물을 삼은 때문이요
꾀임 없는 악도에 들어가는 자가 많음은
뱀과 같은 네 가지 요소와 오욕으로 망령된
마음을 보배로 삼음이니라

그 누군들 산에 들어가 도를 닦고자 아니하리오마는
나아가지 못하는 것은 애욕에 얽힌 때문이니라.

그러나 산 수풀에 들어가 마음을 닦지 못하나
자신의 힘을 따라서 착한 선행을 버리지 말지어다.

자기의 낙을 능히 버리면 믿고 공경함이 성인과 같고
행하기 어려움을 능히 행하면
놉고 존중함이 부처님과 같으니라.
물건을 아끼고 탐하면 이 마구니의 권속이요
사랑하고 불쌍히 여겨서 베푸는 것은
이것이 법왕의 아들이니라.

놉은 산 솟은 바위는 지혜 있는 이의 거처할 곳이요
푸른 소나무와 깊은 골은 수행자가 머무는 곳이니라.
나무 열매와 풀뿌리로 굶주린 배를 위로하고
목마름에 흐르는 물을 마시어
그 목마른 정을 식힐지니라.

단것을 먹여서 사랑해 기를지라도
이 몸은 결정코 무너짐이요

부드러운 옷을 입혀서 지켜 보호해도 목숨은
반드시 마침이 있으니라
메아리 울리는 바위굴로 염불당을 삼고
슬피 우는 기러기와 새로 즐거운 벗을 삼을지니라.

절하는 무릎이 얼음 같을지라도
불을 생각하는 마음이 없고
굶주린 창자가 끊어지는 것 같더라도
밥 구하는 생각이 없을지니라.
문득 백년에 이름이거늘 어찌 배우지 아니하며
일생이 얼마나 되기에 닦지 아니하고 방일하는가.

마음 가운데 사랑을 여의면 이 이름이 사문(沙門)이요
세속을 생각지 아니함이 출가(出家)라 이르니라.
행자가 비단을 입음은 개가 코끼리 가죽을 입음이요
도인이 회포를 생각하면 고슴도치가 쥐 집에
들어감이니라.

비록 재주와 지혜가 있으나 마을에 사는 자는
모든 부처님이 이 사람에게 슬피 여겨
근심하는 마음을 내시고
설사 도행이 없으나 산에 머물러 사는 자는
여러 성현이 이 사람에게 환희심을 내시느니라.

비록 재주와 학문이 있으나 계행이 없는 자는
보배 있는 곳으로 인도해 가지 않음과 같음이요
비록 부지런히 행하여도 지혜가 없는 자는
동방으로 가고자 하나 서쪽으로 감과 같으니라.

지혜가 있는 사람의 행하는 바는
쌀을 쪄서 밥을 지음이요
지혜가 없는 사람의 행하는 바는
모래를 쪄서 밥을 지음이니
함께 밥을 먹어 주린 창자를 위로할 줄은 알되
법을 배워 어리석은 마음을 고칠 줄은 모르는구나.

수행과 지혜가 갖춰짐은 수레의 두 바퀴와 같고
자기도 이롭고 남도 이롭게 함은
새의 두 날개와 같음이니라.
시주받고 축원을 하면서도 그 뜻을 알지 못하면
또한 시주에게 부끄럽지 아니한가.
공양 받아 염불하되 그 취지를 통달하지 못하면
또한 성현에게 부끄럽지 아니한가.

사람은 미충이 깨끗하고 더러움을
분별 못함을 싫어하듯
성현은 사문이 정과 예를 분별 못함을 미워하느니라.

세간에 시끄러움을 버리고 천상으로
올라가는 데는 계행이 좋은 사다리가 되느니라.
이런고로 계행을 파하고 다른 이의 복밭이 됨은
날개 끊어진 새가 거북을 업고 허공을 나는 것과 같다.
자기 죄를 벗지 못하면 다른 사람의 죄를
속죄하지 못하느니라.

그러나 어찌 계행이 없이 사람이 주는 공양을 받으리요
행이 없는 빈 몸은 길러도 이익이 없음이요
떳떳함이 없는 뜬 목숨은 사랑해 아껴도
보전치 못할지니라.

용상의 덕을 바라거든 능히 긴 고통을 참고
사자좌를 기약하려거든 길이 욕심과 낙을 버릴지니라.
행자가 마음이 깨끗하면 여러 하늘이 모두 칭찬하고
도인이 색을 생각하면 선신이 버려서 여위느니라.
사대가 홀연히 흩어짐이라 오래 가지 못하나니
오늘도 벌써 저물었느니라.
자못 아침 일찍이 행할지어다.

세상 낙 뒤에는 고통이거늘 어찌 탐착하며
한 번 참으면 길이 낙이 됨이거늘 어찌 닦지 아니하리요.
도인이 탐내는 것은 이 행자의 부끄러움이요
출가인의 부자는 이 군자의 웃음거리니라.

막는 막이 다함이 없으나 탐착을 막지 아니하며
미루면서 끝없이 다함이 없거늘 애착을 끊지 못하며
이 일이 한이 없거늘 세상일을 버리지 아니하며
저 꾀가 끝이 없건마는 끊을 마음을 일으키지 아니하며
오늘이 다하지 않거늘 악을 지음이 날로 많으며
내일이 다함이 없거늘 선을 지음은 날로 적으며
금년이 다하지 못하거늘 번뇌가 한이 없으며
내년이 다함이 없거늘 보리에 나아가지 아니함이로다.

때와 때가 옮기고 옮겨서 하루가 속히 지나가며
날과 날이 옮기고 옮겨서 속히 달이 지나가며
달과 달이 바뀌고 바뀌어서 홀연 내년에 이르며
해와 해가 옮기고 옮겨서 잠깐 동안
죽음 문에 이르니라.
깨진 수레는 행하지 못함이요
늙은 사람은 닦지 못함이라.
누우면 해태가 나고
앉으면 어지러운 식이 일어남이로다.

얼마나 삶 건데 닦지 아니하고 헛되이 밤낮을 보내며
얼마나 빈 몸을 살리건대 일생을 닦지 아니하는가
몸은 반드시 마침이 있으리니
다음 몸을 어찌 할 것인가
급하고 급하지 아니하며
급하고 급하지 아니하랴 마음이

〈해설〉

「발심수행장(發心修行章)」은 신라의 원효(元曉)가 출가 수행자를 위하여 지은 발심(發心)에 관한 글이다.

불교전문강원의 사미과(沙彌科) 교과목 중 하나로 승려가 되기 위해 출가한 자들은 반드시 읽고 닦아야 할 입문서이다.

수행인이 부처될 마음을 일으켜 거룩한 행을 닦는 요긴한 말을 적은 총 706자의 사언절구(四言絶句)로 된 짧은 글이다.

내용은 애욕을 끊고 고행(苦行) 할 것, 참된 수행자가 될 것, 늙은 몸은 닦을 수 없으니 부지런히 닦을 것 등이다. 서론·본론·유통분(流通

分)의 순으로 구성되어 있다.

원효는 모든 부처님이 열반(涅槃)의 적멸궁(寂滅宮)을 장엄(莊嚴)한 이유는 한량없는 세월 동안 욕망을 버리고 고행 정진한 탓이며, 중생들이 고해(苦海)의 불 속에 사는 것은 탐욕·성냄·어리석음 때문이며, 입산수도(入山修道)한 모든 사람들이 큰 도(道)를 성취하고 싶지만 애욕(愛慾)에 구속돼 실천하지 못한다고 설파했다.

또한 이 몸뚱이는 허망해 곧 무너질 터이니 아무리 아끼고 보호해도 오래가지 않을 것이므로 세속에 대한 미련을 끊고 계행(戒行)을 철저히 지켜 조사(祖師)와 부처가 될 목표로 정진하라고 강조했다.

만약 계행을 깨끗이 지키지 못하면 타인의 지도자는 물론 시주의 공양(供養)과 예배도 받을 수 없다고 했다.

수행할 때는 계(戒)와 지혜를 함께 닦고, 청정한 마음으로 자리이타(自利利他)의 대승행(大乘行)을 닦으면 하늘이 찬양하며 마침내 여래(如來)의 사자좌(獅子座)에 나아간다고 했다.

끝으로 강개 절묘한 문장으로 세월의 덧없음을 환기시켜 부서진 수레는 짐을 싣지 못하고 늙은 몸은 닦을 수 없으므로 발심수행이 급하다고 간곡히 당부했다.

이 책은 대개 지눌(知訥)의 『계초심학인문(誡初心學人文)』, 야운(野雲)의 『자경문(自警文)』과 합쳐 『초발심자경문(初發心自警文)』으로 많이 간행됐다.

그 중 중요한 고간본(古刊本)으로는 1233년(고종 20)에 간행된 합천 해인사본(海印寺本), 1570년(선조 3)의 강진 무위사본(無爲寺本), 1572

년 귀진사본(歸眞寺本), 1574년의 구월산 월정사본(月精寺本), 1579
년의 신흥사본(神興寺本), 1634년(인조 12)의 용복사본(龍腹寺本),
1635년의 운주산(雲住山) 용장사본(龍藏寺本) 등과 간행연대를 알 수
없는 화왕산 관룡사본(觀龍寺本) 등이 있다.

　한글본은 1945년 이종욱(李鍾郁), 1968년 이운허(李耘虛)가 번역한
것 등이 있다. 이로써 본서가 불교전문강원의 교재로 사용된 시기는
조선 초기 이후임을 알 수 있다.

보왕 삼매론
(寶王三昧論)

1

몸에 병 없기를 바라지 마라.
몸에 병이 없으면 탐욕이 생기기 쉽나니,
그래서 성인이 말씀하시길
"병고로써 양약을 삼으라." 하셨느니라.

2

세상살이에 곤란 없기를 바라지 마라.
세상살이에 곤란이 없으면
업신여기는 마음과 사치한 마음이 생기나니,
그래서 성인이 말씀하시길
"근심과 곤란으로써 세상을 살아가라." 하셨느니라.

3

공부하는 데 마음에 장애 없기를 바라지 마라.
마음에 장애가 없으면 배우는 것이 넘치게 되나니,
그래서 성인이 말씀하시길
"장애 속에서 해탈을 얻으라." 하셨느니라.

4

수행하는 데 마(魔)가 없기를 바라지 마라.
수행하는 데 마가 없으면 서원이 굳건해지지
못하나니,
그래서 성인이 말씀하시길
"모든 마군으로써 수행을 도와주는 벗을 삼으라."
하셨느니라.

5

일을 꾀하되 쉽게 되기를 바라지 마라.
일이 쉽게 되면 뜻을 경솔한 데 두게 되나니,
그래서 성인이 말씀하시길
"여러 겁을 겪어 일을 성취하라." 하셨느니라.

6

친구를 사귀되 내가 이롭기를 바라지 마라.
내가 이롭고자 하면 의리를 상하게 되나니
그래서 성인이 말씀하시길
"순결로써 사귐을 길게 하라." 하셨느니라.

7

남이 내 뜻대로 순종해 주기를 바라지 마라.
남이 내 뜻대로 순종해 주면 마음이 스스로 교만해지나니,
그래서 성인이 말씀하시길
"내 뜻에 맞지 않은 사람들로써 원림을 삼으라."
하셨느니라.

8

공덕을 베풀려면 과보를 바라지 마라.
과보를 바라면 도모하는 뜻을 가지게 되나니,
그래서 성인이 말씀하시길
"덕 베푼 것을 헌신짝처럼 버려라." 하셨느니라.

9

분에 넘치는 이익을 바라지 말라.
이익이 분에 넘치면 어리석은 마음이 생겨나나니,
그래서 성인이 말씀하시길
"적은 이익으로써 부자가 되라." 하셨느니라.

10

억울함을 당해서 밝히려고 하지 마라.
억울함을 밝히면 원망하는 마음을 돕게 되나니,
그래서 성인이 말씀하시길
"억울함을 당하는 것으로 수행하는 문을 삼으라."
하셨느니라.
이와 같이 막히는 데서 도리어 통하는 것이요.
통함을 구하는 것이 오리려 막히는 길이다.
그래서 부처님께서는 저 장애 가운데서
보리(菩提)도를 얻으셨느니라.
세상에 도를 배우는 사람들이 먼저 역경에서
견디어 보지 못하면

장애가 부딪칠 때 능히 이겨내지 못해 법왕의
큰 보배를 잃어버리게 되나니,
역경을 통하여 부처를 이룰지어다.

〈해설〉

『보왕삼매론』은 중국 원나라 말기부터 명나라 초기에 걸쳐 염불수행
으로 중생을 교화했던 묘협 스님의 글 중 한 부분이다. 묘협 스님이 지
은 『보왕삼매 염불직지(寶王三昧念佛直指)』 총 22편 중 제17편 「십대
애행(十大礙行; 열 가지 큰 장애가 되는 행)」에 나오는 구절을 가려 뽑아
엮은 글이다.

저자인 묘협 스님은 모든 불교의 수행법을 닦아본 후 "염불수행이야
말로 가장 쉽게 삼매에 이를 수 있는 수행법"으로 확신하고 염불삼매
를 백천만 가지 삼매 중 가장 보배롭고 으뜸된다며 '보왕삼매'라는 이
름을 붙였다.

제17편 '십대애행'은 수행삼매를 닦는 데 방해되는 10가지 큰 장애
를 여러 불경에 빗대어 정립해 놓은 것이다.

결국 이 보왕삼매론은 이 중에서도 '열 가지 큰 장애를 대처하는 열

가지 불구행(不求行; 구하지 말아야 할 행)과 그 장애가 없을 때 자라나는 내면적 허물을 뽑아 엮어 놓은 것이다.

보왕삼매론의 가르침은 특히 생활 수행자들에게 더욱 생생하고 값진 공부가 된다. 그 이유는 우리들이 일상에서 가장 쉽게 접하는 온갖 경계들을 다루고 있기 때문입니다. 이를테면 병(病), 공부, 수행, 일, 친구, 곤란, 교만, 베풂, 욕심, 배신 등 우리의 일상과 아주 밀접한 주제를 다루고 있다.

이와 같은 장애야말로 우리 생활 수행인들이 수행하는 데 가장 밀접하고 절실한 공부재료가 될 것이다.

『보왕삼매론(寶王三昧論)』은 일상에서 쉽게 마주치는 온갖 경계, 장애와 걸림, 마장 등을 극복하는 지혜를 전해 준다.

어려운 문자가 아니기에 많은 불자들이 쉽게 접할 수 있고, 어떤 사찰에서는 아침저녁 예불 때에 늘 상 독송을 함으로써 온갖 경계를 닦아 가는데 경책의 글귀로 삼기도 합니다.

영가 전에
(靈駕 前)

영가시여 저희들이 일심으로 염불하니
무명업장 소멸하고 반야지혜 드러내어
생사고해 벗어나서 해탈열반 성취하사
극락 왕생하옵시고 모두 성불하옵소서

사대육신 의지하여 한세상을 살았지만
결국에는 사라지니 허망하기 그지없네
이 육신에 집착 말고 참된 도리 깨달으면
모든 고통 벗어나고 부처님을 친견하리

인연 따라 모인 것은 인연 따라 흩어지니
나는 것도 인연이요 돌아감도 인연이라
살아 생전 애착하던 사대육신 무엇인고
한순간에 숨 거두니 주인 없는 목석일세

몸뚱이를 가진 자는 그림자가 따르듯이
일생동안 살다보면 죄없다고 말 못하리
이승저승 오가면서 탐진치로 쌓은 죄업
대원력을 발하여서 생사윤회 벗어나리

죄의 실체 본래 없어 마음 따라 생기나니
마음 씀이 없어질 때 죄업 역시 사라지네
죄란 생각 없어지고 마음 또한 텅 비워서
무념처에 도달하면 참회했다 말하리다

한마음이 청정하면 온세계가 청정하니
모든 업장 참회하여 청정으로 돌아가면
어느 곳에 태어나도 어떤 몸을 받더라도
영가님이 가시는 길 광명으로 가득하리

가시는 길 천리만리 극락정토 어디인가
번뇌망상 없어진 곳 그 자리가 극락이니
삼독심을 버리고서 부처님께 귀의하면

무명업장 벗어나서 극락세계 왕생하리
모든 것은 무상하여 생한 자는 필멸이라
태어났다 죽는 것은 모든 생명 정한 이치
모여졌다 흩어지고 흩어졌다 모여지며
맺고 쌓은 인연 따라 생사윤회 돌고 도네

일가친척 많이 있고 부귀영화 누렸어도
죽는 길엔 누구 하나 힘이 되지 못한다네
임금으로 태어나서 온천하를 호령해도
결국에는 죽는 것을 영가님은 모르는가

태어났다 죽는 것은 중생계의 흐름이라
이곳에서 가시면 저 세상에 태어나니
오는 듯이 가시옵고 가는 듯이 오신다면
이 육신의 마지막을 걱정할 것 없다 하리

맺고 쌓은 모든 감정 가시는 길 짐 되오니
염불하는 인연으로 남김없이 놓으소서

미웠던 일 용서하고 탐욕심을 버려야만
청정하신 마음으로 불국정토 가시리다
본마음은 고요하여 옛과 지금 없다 하니
태어남은 무엇이고 돌아감은 무엇인가
삿된 마음 멀리 하고 미혹함을 벗어나야
반야지혜 이루시고 왕생극락 하오리다

부처님이 관 밖으로 양쪽 발을 보이셨고
달마대사 총령으로 짚신 한짝 메고 갔네
이와 같은 높은 도리 영가님이 깨달으면
생과 사를 넘었거늘 그 무엇을 슬퍼하랴

뜬 구름이 모였다가 흩어짐이 인연이듯
중생들의 생과 사도 인연 따라 나타나니
좋은 인연 간직하고 나쁜 인연 버리시면
이 다음에 태어날 때 좋은 인연 만나리다

사대육신 흩어지고 업식만을 가져가니

탐욕심을 버리시고 마음 또한 거두시며
사견마저 버리시어 청정해진 마음으로
부처님의 품에 안겨 왕생극락 하옵소서
돌고 도는 생사윤회 자기 업을 따르오니
오고감을 슬퍼 말고 환희로써 발심하여
무명업장 밝히시어 무거운 짐 모두 벗고
삼악도를 뛰어넘어 극락세계 가옵소서

영가시여 어디에서 이 세상에 오셨다가
가신다니 가시는 곳 어디인 줄 아시는가
이 세상에 처음 올 때 영가님은 누구셨고
사바일생 마치시고 가시는 이 누구신가

물이 얼어 얼음 되고 얼음 녹아 물이 되듯
이 세상의 삶과 죽음 물과 얼음 같사오니
육친으로 맺은 정을 가벼웁게 거두시고
청정해진 업식으로 극락왕생 하옵소서

영가시여 사바인생 다 바치는 임종시에
지은 죄업 남김 없이 부처님께 참회하고
한순간도 잊지 않고 부처님을 생각하면
가고 오는 곳곳마다 그대로가 극락이며
첩첩 쌓인 푸른 산은 부처님의 도량이요
맑은 하늘 흰 구름은 부처님의 발자취며
뭇 생명의 노래 소리 부처님의 설법이고
대자연의 고요함은 부처님의 마음이니

불심으로 바라보면 온세상이 불국토요
범부들의 마음에는 불국토가 사바로다
애착하던 사바인생 하룻밤의 꿈과 같고
나다 너다 모든 분별 본래부터 공이어라

빈손으로 오셨다가 빈손으로 가시거늘
그 무엇을 애착하고 그 무엇을 슬퍼하나
그 무엇을 집착해서 훌훌 털지 못하는가
그 무엇에 얽매어서 극락왕생 못하시나

저희들이 일심으로 독송하는 진언 따라
이생에서 못다 이룬 미련 집착 버리시고
맺은 원결 모두 풀고 지옥세계 무너져서
아미타불 극락세계 상품상생 하옵소서

〈아미타불 본심미묘진언〉
다냐타 옴 아리다라 사바하(3번)

〈관세음보살 멸업장진언〉
옴 아로늑계 사바하(3번)

〈지장보살 멸정업진언〉
옴 바라 마니 다니 사바하(3번)

〈해설〉
『영가전에(靈駕前)』는 사람이 죽은 뒤 49일째에 치르는 불교식 제사의례인 49재(四十九齋) 때 암송하는 불교가사이다.

불교에서는 사람이 이 세상을 떠나서 다음 생을 받기까지 49일이 걸린다고 한다. 이 기간 동안에는 세상을 떠난 사람이 좋은 생을 받기를 바라는 마음으로 세상 떠난 날을 1일로 하여 7일마다 7번 재를 지내므로 칠칠재라고 하는 불공의식이 49재(四十九齋)이다.

이 기간 동안에는 세상을 떠난 사람이 더 좋은 다음 세상으로 갈 수 있도록 불공을 드리는 의식으로 49재가 끝나면, 다음 세상으로 떠났다고 보고 탈상을 한다.

49재(四十九齋)는 6세기경 중국에서 생겨난 의식으로 유교적인 조령숭배(祖靈崇拜) 사상과 불교의 윤회(輪廻) 사상이 절충된 것이다. 불교의식에서는 사람이 죽은 다음 7일마다 불경을 외면서 재(齋)를 올려 죽은 이가 그 동안에 불법을 깨닫고 다음 세상에서 좋은 곳에 사람으로 태어나기를 비는 제례의식이다. 그래서 칠칠재(七七齋)라고도 부르며, 이 49일간을 '중유(中有)' 또는 '중음(中陰)'이라고 한다. 이 기간에 죽은 이가 생전의 업(業)에 따라 다음 세상에서의 인연, 즉 생(生)이 결정된다고 믿기 때문이다.

불교의 '무아설(無我說)'에 따르면 개인의 생전 업보(業報)는 그 사람에 한정되며, 어떤 방법으로도 자녀나 후손에게 전가되거나 전가시킬 수 없다고 말한다. 그러나 유교사상은 이 49일 동안 죽은 이의 영혼을 위해 후손들이 정성을 다해 재를 올리면 죽은 부모나 조상이 보다 좋은 곳에 인간으로 다시 태어나고, 또 그 조상의 혼령이 후손들에게 복을 준다는 것이다.

불교에서도 '무아설'과 다른 육도(六道) 사상적 해석에 따르면 모든 중생은 육도, 즉 천상(天上)·인간(人間)·축생(畜生)·아수라(阿修羅)·아귀(餓鬼)·지옥도(地獄道) 등 여섯 세계를 윤회하고 있어 죽은 가족이 이 중 삼악도(三惡道; 지옥도·아귀도·축생도)에 들어가지 않도록 비는 기도 행위가 49재라는 것이다.

큰스님들은 49재를 지내며 일생보처에 대해 "이 한 생을 영원히 팔자 고치는 자리로 써야 한다. 깨달음과 하나가 되면 등불이 밝아져 주위가 밝아지듯 그와 연관된 영가는 모두 천도될 것이다."고 말씀하신다.

백발가
(白髮歌)

백발이 섧고 섧다
백발이 섧고 섧네
나도 어제 청춘일러니
오늘 백발 한심하다.

우산(牛山)에 지는 해는
제경공(齊景公)의 눈물이로다
분수(汾水)의 추풍곡(秋風曲)은
한무제의 설움이라.

장하도다 백이숙제
수양산 깊은 곳에 채미(采薇)하다 아사(餓死)한들
초로 같은 우리 인생들은

이를 어이 살겠느냐.
야야 친구들아
승지강산(勝地江山) 구경 가자
금강산 들어가니 처처(處處)에 경산(景山)이요
곳곳마다 경개(景概)로다

계산파무울차아(稽山罷霧鬱嵯峨)
산은 층층 높아 있고
경수무풍야자파(鏡水無風也自波)
물은 술렁 깊었네.

그 산을 들어가니
조그마한 암자 하나 있는데
여러 중들이 모여들어
재맞이하느라고

어떤 중은 남관(藍冠) 쓰고
어떤 중은 법관(法冠) 쓰고

또 어떤 중 다리 몽둥 큰 북채를
양손에다 갈라 쥐고
법고는 두리둥둥 목탁은 따르락 뚝딱
죽비는 좌르르르 칠 적에
탁자 위에 늙은 노승 하나
가사(袈裟) 착복(着服)을 어스러지게 매고

구부구부 예불을 하니
연사모종(煙寺暮鐘)이라 하는 데로다
거드렁거리고 놀아보자

〈해설〉

『백발가(白髮歌)』는 백발이 되기 전에 허송세월을 말라는 교훈적인
내용의 남도 민요로 작자와 연대는 미상이다. 늙음의 서러움이나 인생
의 무상함과 함께 여전히 아름다운 세상을 노래한 판소리 단가로 박녹
주, 오정숙, 이일주, 성창순 등 많은 명창들이 불렀다.

늙음을 한탄하며 경치 좋은 곳으로 구경 가자는 내용이며, 후반부는 절의 재맞이 풍경을 그리고 있다. 『백발가』의 노랫말을 보면「불수빈」이나「대장부한」 등에서 조금씩 차용한 흔적이 보인다.

단가(短歌)란 판소리를 하기 전에 목을 풀기 위해 하는 짧은 소리로 판소리와 상관없이 독립적으로도 부른다. 노랫말은 대부분 산천풍월(山川風月)이나 고사(故事) 등을 읊는다.

판소리와 상관없는 노랫말의 단가도 있다. 단가는 50여 종이지만 흔히 20여 종만 부른다. 단가는 판소리에 앞서 불러 기교를 덜 부리고 담담하게 노래한다.

현재 자주 불리는 『백발가』는 대개 "백발이 섧고 섧다. 백발이 섧고 섧네. 나도 어제 청춘일러니, 오늘 백발 한심허다."로 시작해 늙음의 서러움과 인생무상을 노래한다. 따라서 한탄 일색의 내용으로 예상되지만 실제는 그렇지 않다.

요컨대, 백발이 되고 보니 인생은 허무하지만 세상은 여전히 아름다우니까 명승지를 구경하며 즐기자는 얘기다. 사람이라면 결국 모두 늙는다는 당연한 이치를 노래해 대중의 호응도가 높다.

『백발가』는 백발을 한탄하는 내용으로 시작해 중국의 유명 인물인 제경공(齊景公)·한무제(漢武帝)·백이숙제(伯夷叔齊)의 고사를 나열하며 인생무상을 이야기한다. 그런 다음 "야, 야, 친구들아. 승지강산 구경 가자."라고 말하며 당나라 시인 하지장(賀知章)의 시「채련곡(採蓮曲)」을 인용해 금강산의 경개를 묘사한다.

그러구러 "그 산을 들어가니 조그만헌 암자 하나 있는디"로 시작해

재(齋)를 지내는 승려들의 모습을 여러 의성어와 함께 묘사하고, 그 광경을 소상팔경의 하나인 연사만종(煙寺晚鍾; 안개 낀 산사의 저녁 종소리)인 듯하다고 말한다. 끝으로 단가의 일반적인 종결형인 "거드렁거리고 놀아보세."로 마무리한다.

이처럼 단가 『백발가』는 백발을 한탄하며 인생무상을 말한 후 승지 강산을 다니다가 한 암자에 들러 구경하는 것으로 연결된다. 이러한 내용은 다른 노래의 곡명이나 내용과 종종 교류관계를 보여준다.

판소리 단가는 주로 평조와 우조의 성음, 곧 화창하거나 평온한 느낌 또는 꿋꿋하고 기개 있는 악상으로 노래한다. 대부분의 『백발가』가 그렇다.

단가 『백발가』는 명창 박녹주가 만년에 자주 불러 청중을 울리곤 했다. 박녹주는 1969년 10월 15일 명동극장에서 열린 그의 은퇴공연에서 울먹이며 불러 객석을 감동시켰다.

혼자 인생

인생이라 하는 것은 무엇 하러 나왔다가
무엇 하러 가는 건가.

생각 생각을 해보아도
그 이치를 알 수 없네.
그 이치를 알 수가 없네.

오가는 참뜻은 모른다 하나
올 때도 혼자 갈 때도 혼자

혼자서 오고 혼자서 간다.
너도 혼자 나도 혼자
우리 모두 혼자로다.

여름도 혼자 겨울도 혼자
언제나 항상 혼자로다
언제나 항상 혼자로다.

오호라 혼자 인생
누굴 찾아 짝을 할꼬.
누굴 찾아 짝을 할꼬.

비워라 비워 생각을 비워
세상만물을 친해 보세
비워라 비워 마음을 비워
천지의 본님을 친해 보세.

비운 마음 밝은 마음
우주만상 빛이 되어
만고상청을 하리로다.

비운 마음 밝은 마음
우주만상 빛이 되어
만고상청을 하리로다.

세심곡(洗心哭)

초판 인쇄 / 2024년 9월 20일
초판 발행 / 2024년 9월 25일
엮은이 / 성관 선사
펴낸곳 / 도서출판 말벗
펴낸이 / 박관식
신고일 / 2007년 11월 2일
주소 / 서울 노원구 덕릉로 127길 25 상가동 2층 204-384호
전화 / 02)774-5600
팩스 / 02)720-7500
메일 / malbut1@naver.com
ISBN 979-11-88286-43-0 03220
www.malbut.co.kr
 2024 성관 선사

☞ 사찰 개인 보시용으로 다부수 제작도 가능합니다.
☞ 본 저작물은 공공누리 도봉옛길체, 영주선비체를 이용하여 제작하였습니다.